本书是 2014 年度教育部人文社会科学研究青年基金项目："我国广义金融状况指数体系的设计、测度与应用研究：基于 FSF 视角"（项目编号：14YJC790180）的最终成果之一；同时还受到 2017 年度江西省自然科学基金管理科学项目"广义金融状况指数灵活动态编制及应用研究：基于综合货币政策传导机制模型视角"（项目编号：20171BAA208015）和南昌大学出版基金资助。

中国灵活动态金融
状况指数构建与应用研究

周德才 ·····················> 著

THE RESEARCH ON CONSTRUCTION AND
APPLICATION OF CHINA FLEXIBLE AND
DYNAMIC FINANCIAL CONDITIONS INDEX

社会科学文献出版社
SOCIAL SCIENCES ACADEMIC PRESS (CHINA)

摘　要

目前金融状况指数（FCI）研究事先假定权重的演进方式是静态的或动态的，而事实上它是灵活动态的，故权重本身及其演进方式应从数据中估计出来。考虑到中国从"老常态"到"新常态"结构变化并不是连续的，本书从通货膨胀控制这个货币政策目标出发，引进 MI－TVP－SV－VAR 模型，选取货币供应量、利率、汇率、股价和房价 5 个金融变量，使用贝叶斯统计框架下的 MCMC 方法估计其每一期的灵活动态权重，构建中国灵活动态金融状况指数，并分析它对通胀率的预测能力。

本书经验分析得到的主要结论如下。第一，本书构建的中国灵活动态金融状况指数是合理有效的。它与通货膨胀有很高的跨期相关性，跨期相关系数最高达 0.842。第二，本书构建的中国灵活动态金融状况指数是通货膨胀良好的先行和预测指标。它领先通货膨胀 1 ~ 7 个月，能够很好地预测未来通货膨胀。第三，本书构建的中国灵活动态金融状况指数表明中国金融状况指数的权重既不是全静态的，也不是全动态的，而是灵活动态的。第四，本书构建的中国灵活动态金融状况指数在引领通货膨胀上存在非对称性。第五，本书研究表明，在短期内，中国货币政策传导渠道在效果上存在明显差异，利率和房地产价格对这一时期金融状况的影响权重相对较大。

本书研究的创新之处如下。第一，概念创新。本书在国内外首次提出了灵活动态金融状况指数概念。第二，内容创新。本书通过拓展构建了国内外首个灵活动态金融状况指数的测度模型和测算方法，进而实证构建了国内外首个灵活动态金融状况指数。第三，方法创新。本书在国内外首次提出并测算了三维立体的灵活动态脉冲响应函数，并将 MI – TVP – SV – VAR 模型在国内外首次应用于 FCI 的构建研究。

　　本书研究的主要价值如下。第一，理论价值。本书研究的主要理论价值包括丰富了金融状况指数理论、货币政策理论以及脉冲响应函数理论。第二，社会机制。本书研究的主要社会价值包括：提供了监测中国金融整体状况、货币政策松紧状况及其执行效果的灵活动态监测指标，中国实施适时适度预调微调及结构化货币政策的科学决策参考，以及中国通货膨胀预测及其预期管理的灵活动态工具。

Abstract

The present studies on Financial Conditions Index (FCI) assume that e-volution of the weight is static or dynamic, and in fact it is Flexible and Dy-namic, so it is not only the weight itself and its evolution should be estimated from data. Considering our country from the "old normal" to the "new nor-mal" structure change is not continuous, from the goal of monetary policy to control inflation, the paper introduces MI – TVP – SV – VAR model, chooses 5 financial Conditions variables: money supply, interest rate, exchange rate, stock price and house price, uses the MCMC method which is based on the Bayesian Statistics to estimate the Flexible and Dynamic weight of the five var-iables, constructs China's Flexible and Dynamic financial Conditions index, and analyzes its ability to forecast inflation rate.

The main conclusions of this book: Firstly, China's Flexible and Dynam-ic financial Conditions index which constructed in this book is reasonable and effective. It is high cross correlation with inflation, and the highest cross cor-relation coefficient is 0. 842. Secondly, China's Flexible and Dynamic finan-cial Conditions index which constructed in this book is a good precursor and predictor of inflation. It leads inflation 1 – 7 months, can well predict future inflation; thirdly, China's Flexible and Dynamic financial Conditions index which constructed in this book indicated that the weights of China's Flexible and Dynamic financial Conditions index is not all static and not all dynamic, is flexible and dynamic; fourthly, China's Flexible and Dynamic financial Conditions index which constructed in this book leads inflation is asymmetric; fifthly, the book research shows that the effect of China's monetary policy transmission channels were significant differences in the short term, the weight of interest rates and real estate prices influence on the financial Conditions of this period is relatively large.

Innovations in this book: Firstly, concept innovation. This book firstly presents the concept of Flexible and Dynamic financial Conditions index at home and abroad. Secondly, content innovation. This book is constructed the measurement model and calculation method of the first Flexible and Dynamic financial Conditions index by expanding, then firstly construct China's Flexible and Dynamic financial Conditions index; thirdly, method innovation. This book firstly presents and calculates the three-dimensional Flexible and Dynamic impulse response function at home and abroad and firstly applies MI – TVP – SV – VAR model to construct FCI at home and abroad.

The main value of this book: Firstly, theoretical value. The main theoretical value of this book includes expanding financial Conditions index theory, monetary policy theory and impulse response function theory; secondly, social mechanism. Mainly social value of the research in this book includes: provides a flexible and dynamic monitoring indicators to monitor the financial overall Conditions, China monetary policy tightness Conditions and its effect of implementation of the scientific decision-making, It provides a scientific and decision-making reference for the timely and appropriate fine-tuning and structured monetary policy in China, and provides Flexible and Dynamic tool for expected inflation and forecast management in China.

前　言

截止到目前，国内外关于金融状况指数文献不下数百篇，其中还有大量权威期刊文献。这对于一个刚刚兴起十多年的货币政策具体分支研究领域来说，显得十分特别。这也在某种程度上说明金融状况指数是目前国内外货币政策研究领域的一个热点和前沿领域。这也是本书研究的理论背景和意义。

与此同时，虽然大量发达国家和一些发展中国家的中央银行、一些大型金融机构以及一些国际组织构建并发布了一些金融状况指数，但中国人民银行一直没有构建并发布中国金融状况指数。这也是本书研究的实践背景和意义，以期为中国货币政策管理部门提供一些借鉴和参考。

2015 年 5 月，笔者与笔者的学生冯婷、邓姝姝合作在《数量经济技术经济研究》杂志上发表了文章《我国灵活动态金融状况指数构建与应用研究——基于 MI - TVP - SV - VAR 模型的经验分析》。虽然该论文发表后取得不错的社会反响，但笔者总觉得该文的研究不够全面、深入和系统。为了能够实现这个夙愿，笔者对该文进行了一个全面、深入和系统的拓展研究，这项研究的成果就是本书。虽然本书与前述论文的核心概念和方法是相同的，内容上有一些重复，但本书绝大多数内容与前文是不相同的，有单独阅读的价值和意义。

本书共分七章。第 1 章是导论，主要对灵活动态金融状况指数的相关概念、研究背景、研究意义、研究思路、研究内容、研究目标、拟解决的关键问题、研究方法、技术路线、特色与创新之处进行简要分析。第 2 章是金融状况指数文献综述及评价，主要对国内外有关金融状况指数的文献进行一个全面的综述，并进行了评价。第 3 章构建了 MI – TVP – SV – VAR 模型，主要从产生的背景、发展脉络、参数估计框架和算法介绍、先验信息和初始值设定、参数估计、国内外的经验研究综述对 MI – TVP – SV – VAR 模型进行了介绍。第 4 章是构建灵活动态测度模型和测度方法，主要介绍了传统静态金融状况指数、中国传统静态金融状况指数以及简单动态金融状况指数的简单动态测度模型和测度公式，并提出灵活动态金融状况指数的灵活动态测度模型和测度公式，以及灵活动态脉冲响应函数的计算公式。第 5 章是构建中国灵活动态金融状况指数，主要进行了样本数据的选择、处理、检验和说明，以及实证测度中国灵活动态金融状况指数。第 6 章是应用中国灵活动态金融状况指数，主要对中国灵活动态金融状况指数与通货膨胀的相关关系、领先滞后关系、因果关系、通货膨胀的预测进行了研究。第 7 章是简要结论、政策建议及未来展望。

本书从通货膨胀控制这个货币政策目标出发，运用 MI – TVP – SV – VAR 模型，选取货币供应量、利率、汇率、股价和房价 5 个金融变量，使用贝叶斯统计框架下的 MCMC 方法估计每一期的灵活动态权重，构建中国灵活动态金融状况指数，并分析它对通胀率的预测能力。经验分析结果表明，利率和房地产价格对这一时期金融状况的影响权重相对较大，特别是利率，反映出中国货币政策依然倚重于价格型传导渠道；FCI 与通货膨胀有很高的相关性，相关系数最高达 0.842，且领先通胀 1 ~ 7 个月，能够很好地预测未来通胀。建议政府机构定期构建中国灵活动态金融状况指数并将其应用于货币政策操作和通货膨胀预测。

在本书的前期准备中，冯婷、邓姝姝同学在查找数据、查阅文献、运行程序等方面提供了大量的帮助，在此表示诚挚的感谢。

周德才

于南昌大学前湖校区外经楼经济管理学院

2017 年 7 月 1 日

目　录

Contents

第1章　导论

1.1　相关概念

Goodhart 和 Hofmann（2001）首先提出了金融状况指数（Financial Conditions Index，FCI）概念，通过在货币状况指数（Monetary Conditions Index，MCI）中引入股价和房价拓展得到金融状况指数（FCI）。自金融状况指数概念提出后，国内外学者对其进行了大量理论研究和实证分析，对金融状况指数的内涵和外延进行了系统的拓展及丰富。参考其他学者对金融状况指数的定义，笔者对金融状况指数相关概念做出如下定义。

1.1.1　金融状况指数概念

到目前为止，虽然国内外研究金融状况指数的文献约 200 篇，其中还不乏大量权威期刊文献，但只有许涤龙和欧阳胜银（2014）罕见对金融状况指数概念进行正式定义。综观国内外相关文献，笔者发现学者们对金融状况指数概念的中文翻译和具体看法并不统一，甚至存在较大差异。与此同时，一些学者还提出了一些新的金融状况指数概念，这是对传统金融状况指数的一些拓展研究。

（1）金融状况指数的中文翻译差异

目前，国内学者对国外学者提出的 FCI 的中文翻译和具体看法还没有形成统一意见，存在较大差异。

首先，将 FCI 翻译为金融形势指数。王玉宝（2005）首次将 FCI 翻译为金融形势指数，并使用 VAR 模型构建了中国金融形势指数；封北麟和王贵民（2006）也将 FCI 译作金融形势指数，并使用 VAR 模型构建了中国金融形势指数，进而分析中国金融形势指数与货币政策之间的密切关系；何平和吴义东（2007）也将 FCI 译为金融形势指数，并通过构建中国金融形势指数，实证检验了中国房地产价格对货币政策的重要意义；李成、王彬和马文涛（2010）也将 FCI 翻译为金融形势指数，并实证检验了中国金融形势指数与宏观经济形势的关联性；刁节文和章虎（2012）也将 FCI 翻译为金融形势指数，使用 VAR 模型构建了中国金融形势指数，并将 FCI 作为信息变量纳入线性和非线性泰勒规则中进行实证分析；卞志村、孙慧智和曹媛媛（2012）也将 FCI 译作金融形势指数，并通过构建中国金融形势指数，实证检验了将其纳入货币政策规则的可行性；王丽娜（2009）、王彬（2009）、贾德奎（2010）、巴曙松和韩明睿（2011）、杨俊仙和朱婷婷（2016）也将 FCI 翻译为金融形势指数。笔者在此不再一一赘述。

其次，将 FCI 翻译为金融条件指数。王慧敏（2005）在国内首次将 FCI 翻译为金融条件指数，并分别使用 OLS、VAR 和因子分析法三种方法构建了中国金融条件指数；鲁旭（2009）也将 FCI 译为金融条件指数，使用 VAR 模型构建了中国金融条件指数，并实证分析了将中国 FCI 纳入货币政策规则的可行性，提出了以 FCI 为参考指标的货币政策操作新框架；关大宇（2010）也将 FCI 译作金融条件指数，并系统地构建及应用了中国金融条件指数；王维国、王霄凌和关大宇（2011）也将 FCI 翻译为金融条件指数，对中国金融条件指数的理论设计及应用进行系统研究，并提出了将非人力财富比例作为重要指标纳入 FCI；同时还有其他一些学者也将 FCI 翻译为金融条件指数。笔者在此不再一一赘述。

再次，将 FCI 翻译为金融稳定状况指数。王雪峰（2010）将 FCI 翻译为金融稳定状况指数，使用状态空间模型构建了中国金融稳定状况指数；郭红兵和杜金岷（2014）也将 FCI 翻译为金融稳定状况指数，发现其能较好反映中国金融体系的稳定状况；王晓博、徐晨豪和辛飞飞（2016）也将 FCI 译为金融稳定状况指数，使用 TVP - SV - VAR 模型实证构建的中国金融稳定状况指数能够很好地反映中国金融制度和结构的变化；同时还有其他一些学者也将 FCI 翻译为金融稳定状况指数。笔者在此不再一一赘述。

最后，国内大多数学者把 FCI 翻译为金融状况指数。由于文献太多，笔者在此不再重复文献综述，全面系统的文献综述请看本书的第 2 章。同时考虑到国家社会科学基金和国家自然科学基金多个已经立项的项目都将 FCI 翻译为金融状况指数，因此，本书也将 FCI 翻译为金融状况指数。

（2）金融状况指数内涵

虽然王维国、王霄凌和关大宇（2011）对金融条件指数概念，从功能角度提出了一个定义，即"综合反映货币政策执行情况或实施效果的统计指数"，但国内外还没有学者对金融状况指数下过一个完整的定义，主要是因为不同的学者对金融状况指数的功能定位存在明显差异。

综观国内外文献关于金融状况指数功能的分析，主要有以下几种：第一，作为货币政策的指示器，反映货币政策的松紧状况；第二，作为金融市场周期的指示器，反映金融市场的周期波动状况；第三，由于金融状况指数包含宏观经济未来信息，可用其预测一个国家和地区的宏观经济走势；第四，评价货币政策效果；第五，实证分析货币政策的宏观经济效应；第六，为货币政策框架体系提供了有效信息，包括成为货币政策规则、目标等的一部分信息内容等。

虽然金融状况指数的功能看起来很多，但是从本质上来看，金融状况指数的核心功能就是：第一，表征货币政策松紧状况；第二，评价货币政策效果。金融状况指数的其他功能都是间接功能，都是建立在这两个直接功能基础之上的，因此本书把金融状况指数定义为综合表征货币政策松紧状况和评价货币政策效果的一种加权平均指数，一般以货币政策对宏观经济的效果为权重。

虽然有极少数金融机构和学者使用主观规定的权重对金融变量进行加权，得到金融状况指数，但绝大多数学者和金融机构都是使用货币政策对宏观经济的效果为权重进行加权平均得到金融状况指数的。因此，金融状况指数最基本的功能是作为领先指标来评价货币政策的执行效果以及预测货币政策最终目标的未来变动趋势，这对于缩短货币政策的时滞进而提高其执行效率是非常有意义的。

需要说明的是，由于绝大部分金融状况指数各构成金融变量，比如利率、汇率、股价、房价和货币供应量等，一般都需要通过标准化消除量纲的影响，因此，金融状况指数是一个相对数，而不是一个绝对数，从而只能提供关于货币政策影响宏观经济的一个方向；同时，金融状况指数各构成金融变量一般都需要通过 HP 滤波去除趋势值，得到相对缺口值，因此，金融状况指数只能提供关于货币政策松紧的周期波动状况，而无法得到其波动值的大小。具体而言，当大于 0 时，表明货币政策处于紧缩状态，未来一段时期内经济将趋于衰退；反之，当小于 0 时，意味着紧缩性的货币政策处于宽松状态，未来一段时期内经济将面临复苏。

1.1.2　灵活动态金融状况指数概念

（1）其他学者提出的金融状况指数的新概念

在传统金融状况指数的基础上，为了突出自己研究的特色和创新性，国内外学者提出了金融状况指数的一些新概念。主要新概念如下。

第一，新金融状况指数。从已有研究文献分析结果来看，所谓新金融状况指数是指与构成金融变量较少且使用静态加权权重构建的传统金融状况指数不同的金融状况指数。Hatzius，Hooper 和 Mishkin 等（2010）在世界上首次选择高达 45 个金融指标，使用非平衡面板技术的主成分分析法，构建首个多信息的金融状况指数，笔者称其为新金融状况指数；类似研究还有，Brave 和 Butters（2012）选择 100 个指标，许涤龙、刘妍琼和郭尧琦（2014）选择 69 个指标，分别构建了美国和中国新金融状况指数。

第二，动态金融状况指数。从现在文献研究结果来看，所谓动态金融状况指数是指其各个构成金融变量加权权重是动态变化的一种金融状况指数。陆军、刘威和李伊珍（2011）在国内首次提出了动态金融状况指数，后来屈军和朱国华（2016），邓创、滕立威和徐曼（2016）使用时变系数随机方差 VAR（TVP – SV – VAR）模型对动态金融状况指数进行了深化研究，使其每期的权重都各不相同。

第三，实时金融状况指数。从已有研究成果来看，所谓实时金融状况指数是指各个构成金融变量的加权权重随着时间的变化而实时变化的金融状况指数。栾惠德和侯晓霞（2015）使用混频动态因子模型（Mixed Frequency Dynamics Factors Model，MF – DFM）在世界上构建了首个实时金融状况指数，到目前为止，只有这一篇文献研究了实时金融状况指数。

（2）笔者提出的灵活动态金融状况指数概念

鉴于目前金融状况指数的研究缺乏灵活性和动态性，笔者在世界上首次将混合创新时变系数随机方差 VAR（Mixed Innovation Time-Varying Parameter Stochastic Volatility Vector Autoregressive，MI – TVP – SV – VAR）模型引入传统金融状况指数，在世界上最早提出了灵活动态金融状况指数（Flexible and Dynamic Financial Conditions Index，FDFCI）概念，并基于中国数据构建及应用了中国首个灵活动态金融状况指数。

根据笔者的研究，所谓的灵活动态金融状况指数是指各个构成金融变量的加权权重是灵活动态变化的一种金融状况指数。所谓灵活动态变化是指系数演进机制时而变化、时而不变化，到底是变化还是不变化由样本数据本身决定，而不像传统金融状况指数事先人为规定权重是静态变化的，也不像动态金融状况指数那样事先人为规定权重时时刻刻都是动态变化的。

1.2　研究背景

1.2.1　国外研究背景

从国外来看，当前全球主要经济体由于复苏进程不同步呈现分化态势，不确定因素增多，进而货币政策不一致。美国由于经济持续复苏步入加息周期，欧日由于经济正在不断筑底继续推行宽松货币政策，新兴经济体由于经济衰退、恶化进一步加大宽松货币政策力度。随着中国金融和经济逐步全面国际化和全球化，这些国外金融和经济最新形势，特别是国外货币政策最新态势，对中国经济的影响变得更加重要和灵活多变。如何表征这些国际金融因素对中国经济的灵活动态影响是一个有待研究的重要问题。

1.2.2　国内研究背景

从国内来看，中国经济正处于新旧常态转换阶段，中国正处于全面深化改革开放阶段，金融则正处于经济金融化、金融市场化和自由化、金融国际化和全球化以及互联网金融化（简称金融"四化"）同时大力推进阶段，因此金融和经济发展不再主要局限于先前的规模扩张，开始重视结构的改善和效率的提升。这些国内金融和经济的最新形势，使中国货币政策对经济的传导机制具有多影响因素、多结构变化、多灵活机动的"三多"特征。如何表征国内最新形势也是一个值得研究的重要问题。

1.2.3　灵活动态金融状况指数需要解决的问题

有鉴于此，本书拟通过把 MI－TVP－SV－VAR 模型引入传统金融状况指数（FCI），提出并构建灵活动态金融状况指数，以表征国内外最新金融形势对中国经济的最新灵活动态影响。为了科学地构建及应用灵活动态金融状况指数，本书必须解决以下三个重要问题。第一，如何拓展传统静态计量模型和动态计量模型，构建适合实证测度灵活动态金融状况指数的灵活动态计量模型。其核心是对 MI‐TVP‐SV‐VAR 模型进行适当拓展，构建能够多维立体实证测度灵活动态金融状况指数的新计量模型。第二，如何基于新拓展的 MI‐TVP‐SV‐VAR 模型构建新的 FDFCI 的测度模型和测度方法，用来实证测度 FDFCI，以有效刻画中国货币政策传导机制的多影响因素、多结构变化、多灵活机动的"三多"特征。其关键是使用具有多结构信息性、多动态性和灵活性特征的 MI‐TVP‐SV‐VAR 等灵活动态模型，构建 FDFCI 的灵活动态构建公式。第三，如何基于实证测度的 FDFCI 测度货币政策与宏观经济形势的灵活动态相关性，以及对宏观经济形势进行灵活动态预测，以应对国内外复杂多变的最新形势。

1.3　研究意义

目前传统货币状况指数和金融状况指数（FCI）的研究主要是从发达国家经济背景出发，基于以货币和资产价格为主的现代货币政策传导机制模型，使用静态或者简单动态计量方法进行构建与应用的。同时根据金融发展理论，金融发展具有动员储蓄、配置资源、实施公司控制、便利风险管理和降低商品（服务）交易成本五大功能，货币和资产规模对货币政策传导机制具有显著影响。因此，对于中国这样的发展中国家和转型国家，构建金融状况指数，必须能够表征其金融和经济通过不断改革开放和持续发展，出现较多、较大的货币和资产规模变化的基本国情，这就需要研究如何通过融入货币和资产规模增长状况，把传统金融状况指数（FCI）拓展为灵活动态金融状况指数，从而进一步研究如何构建兼顾刻画动态性和灵活性的灵活动态构建模型，作为其新的计量模型，并以中国为例进行实证研究。显然，这些问题都是有待研究的理论和实际问题，具有十分重要的研究意义。

1.3.1　理论意义

本书首先构建 MI – TVP – SV – VAR 模型，在此基础上构建灵活动态金融状况指数的测度模型和测度方法，进而实证构建及应用中国灵活动态金融状况指数，丰富和完善了金融状况指数理论、货币政策理论以及脉冲响应函数理论。

（1）丰富和完善了金融状况指数理论

首先，本书通过拓展将静态和动态金融状况指数相结合，提出了时静时动的灵活动态金融状况指数概念，从而丰富了金融状况指数的种类。基于具有多结构变化和多灵活机动特征的 MI – TVP – SV – VAR 模型，提出和构建灵活动态金融状况指数，不仅可以完善金融状况指数理论，而且可以分析检验其在中国的适用性。考虑到发展中国家和转型国家货币传导机制具有"三多"特征，因此需要将传统金融状况指数（FCI）进行拓展完善，提出并构建灵活动态金融状况指数。在内涵上通过融入多种结构的灵活动态变化，将传统金融状况指数拓展为灵活金融状况指数。这样就把传统 FCI 只测度金融变量静态结构拓展为 FDFCI 同时测度金融变量多种结构灵活动态变化状况，从而可以较好地刻画像中国这样的发展中国家和转型国家正在进行经济新旧常态转换、全面改革发展和转型升级的最新实践，从而在内涵方面完善了金融状况指数理论。最终通过实证构建中国 FDFCI，分析检验其对中国的适用性。显然，这些研究都具有十分重要的理论意义。

其次，基于三维立体灵活动态脉冲响应函数，本书通过将金融状况指数的静态、动态测度模型和测度方法相结合，提出了灵活动态金融状况指数的灵活动态测度模型和测度方法，从而丰富了金融状况指数测度模型和测度方法方面的理论。

（2）丰富和完善了货币政策理论

本书对中国货币供应量、利率、汇率、股价、房价五个货币政策传导渠道进行了系统的理论和实证分析,指出了中国货币政策每个传导渠道对通货膨胀影响的大小以及在不同时期货币政策效果的差异,从而丰富了货币政策理论。

(3) 丰富和完善了脉冲响应函数理论

本书将传统的二维平面形式的脉冲响应函数,拓展为三维立体形式的脉冲响应函数,并将之灵活动态化,从而丰富了脉冲响应函数理论。

1.3.2 实际意义

鉴于在像中国这样的发展中国家和转型国家,货币政策传导机制具有多影响因素、多结构变化、多灵活机动的"三多"特征,本书通过创新使用能够有效刻画"三多"特征的灵活动态构建方法,构建及应用中国灵活动态金融状况指数,不仅凸显了研究的实践性和针对性,而且为中国实施货币政策和经济预期管理提供科学决策依据。

(1) 提供适合中国国情的金融状况指数

针对中国等发展中国家和转型国家经济金融化、金融自由化和市场化、金融国际化和全球化等金融发展变迁重叠推进、多种结构变化同时出现的现实,既需要研究将只分析货币和资产价格状况的传统金融状况指数拓展为兼可分析货币或资产规模状况的现代金融状况指数,又需要研究将只刻画单一结构变化的简单动态构建方法拓展为能够刻画"三多"特征的灵活动态构建方法。因此,基于上述拓展,本书能够有实践性和针对性地构建适合中国这样一个发展中国家和转型国家的灵活动态金融状况指数。

(2) 提供中国货币政策指示器和监视器

本书提供了监测中国金融整体状况、货币政策松紧状况及其执行效果的灵活动态监测指标。本书通过构建中国首个灵活动态金融状况指数,对中国金融整体状况、货币政策松紧状况及其执行效果进行了良好的刻画,从而为中国政府监管部门以及实体经济部门提供了一个良好的监测指标。

(3) 提供中国金融监管当局和实体经济部门科学决策参考

本书提供了中国实施适时适度预调微调以及结构化货币政策的科学决策参考，同时也提供了中国实体经济部门基于货币政策松紧状况进行科学投融资决策的依据。自中国经济发展进入新常态后，中国人民银行对传统货币政策模式进行了调整，提出要增强货币政策调控的前瞻性、针对性和灵活性，实施适时适度预调微调以及结构化货币政策；同时自经济进入"三期叠加"期和金融进入"四化"阶段，中国实体经济部门越来越重视和关注货币政策松紧状况，货币政策松紧状况对它们的投融资的影响也越来越大。因此，本书构建的中国灵活动态金融状况指数，为中国金融监管部门和实体经济部门应对国内外最新金融和经济形势、实施灵活动态货币政策和投融资决策，提供了科学决策参考。

(4) 提供中国通货膨胀及其预测管理灵活动态工具

目前中国经济正处于"三期叠加"阶段，金融正处于"四化"阶段，加上欧美日等世界主要经济体经济复苏步伐不一致、货币政策严重分化导致世界金融和经济的深度调整，使中国货币政策和经济发展的内外环境更趋复杂。面对如此错综复杂的新常态和新形势，中国迫切需要加强对货币政策效果和经济趋势预测的灵活动态刻画，为实施货币政策和加强经济预期管理提供科学决策依据，从而使本研究具有重大的实际意义。

本书提供了中国通货膨胀预测及其预期管理的灵活动态工具。在预测中国通货膨胀率上，本书构建的中国灵活动态金融状况指数明显优于全部已发表文献构建的 FCI，因此，本书提供了中国通货膨胀预测及其预期管理的灵活动态工具。

1.4 研究思路

本书拟突破传统金融状况指数以发达国家制度恒定和市场完美为经济背景的局限，融入由中国制度、市场改革和发展导致的多种结构动态变化,将其拓展为灵活动态金融状况指数。为此,首先,需要构建能够刻画多种结构动态变化的灵活动态模型,即 MI – TVP – SV – VAR 模型,作为针对发展中国家和转型国家构建灵活动态金融状况指数的计量模型;其次,在新构建的计量模型的基础上,将金融状况指数的静态或者简单动态测度模型和测度方法,拓展为灵活动态测度模型和测度方法,作为构建 FDFCI 的测度模型和测度公式;再次,选择中国相关金融变量的样本数据,使用新构建的灵活动态模型和灵活动态测度模型及测度公式,实证测度中国灵活动态金融状况指数;最后,实证分析中国灵活动态金融状况指数与通货膨胀的相关关系、领先滞后关系、因果关系,并对通货膨胀进行预测分析(见图 1.1)。

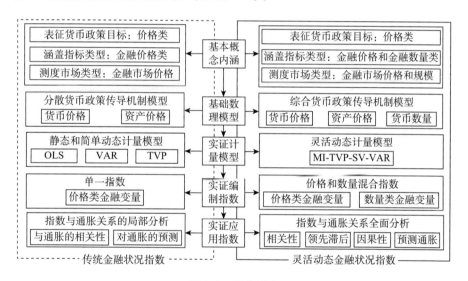

图 1.1 研究思路

1.5 研究内容

第 1 章 导论。本章对灵活动态金融状况指数的相关概念、研究背景、研究意义、研究思路、研究内容、研究目标、拟解决的关键问题、研究方法、技术路线、特色与创新之处等进行简要分析和研究。

第 2 章　金融状况指数文献综述及评价。本章首先将金融状况指数研究文献划分为四个阶段并进行综述，分别是早期阶段的静态金融状况指数研究、中期阶段的静态和多信息金融状况指数研究、近期阶段的简单动态金融状况指数研究、现阶段的多维动态金融状况指数研究；其次，对于每个阶段，本书分别从国外和国内两个维度进行文献综述；最后，对文献进行了综合评价。

第 3 章　构建 MI－TVP－SV－VAR 模型。本章分别从产生的背景、发展脉络、参数估计框架和算法介绍、先验信息和初始值设定、参数估计、国内外的经验研究综述对 MI－TVP－SV－VAR 模型进行了全面系统总结和提炼，作为构建灵活动态金融状况指数的计量模型基础。

第 4 章　构建灵活动态测度模型和测度方法。本章分别从借鉴传统金融状况指数的静态测度模型和测度公式、改进简单动态金融状况指数的简单动态测度模型和测度公式出发，最终提出灵活动态金融状况指数的灵活动态测度模型和测度公式。同时，探讨了三维立体脉冲响应函数的计算公式。

第 5 章　构建中国灵活动态金融状况指数。本章分四节进行研究，第 1 节是样本数据的选择、处理、检验和说明。具体包括数据的描述及处理、单位根检验、格兰杰（Granger）因果关系检验，以及一些必要说明。第 2 节是 MI－TVP－SV－VAR 模型的收敛性诊断。主要从抽样收敛性的图像检验和抽样稳定性检验两个方向进行收敛性诊断。第 3 节是 MI－TVP－SV－VAR 模型参数估计结果分析。主要对模型的时变系数项、随机方差项和混频创新项的估计结果进行分析。第 4 节是实证测度中国灵活动态金融状况指数。具体包括灵活动态的脉冲响应函数值分析、灵活动态权重的测算、中国灵活动态金融状况指数测算结果。

第 6 章　应用中国灵活动态金融状况指数。本章主要内容包括：中国灵活动态金融状况指数与通货膨胀的相关关系分析、领先滞后关系检验、因果关系研究、对通货膨胀的预测能力检验，以及对通货膨胀解释力度的比较分析。

第 7 章　简要结论、政策建议及未来展望。

1.6　研究目标

（1）构建实证测度灵活动态金融状况指数的灵活动态测度模型和测度公式，为构建及应用中国金融状况指数提供新方法菜单。

（2）测度基于灵活动态测度模型和测度方法的中国灵活动态金融状况指数，为处于全面改革开放和转型升级状况下的中国构建金融状况指数提供了新的经验证据，为中国货币政策实施和经济预期管理提供科学决策依据。

1.7　拟解决的关键问题

（1）借鉴混合创新模型（MI）和三维立体脉冲响应函数建模思路，拓展基于 VAR 的静态测度模型和测度方法及基于时变系数模型（TVP）的简单动态测度模型和测度方法，构建 MI－TVP－SV－VAR 模型。在这个基础上构建灵活动态测度模型和测度方法，主要是为实证测度灵活动态金融状况指数提供一个新的测度模型。

（2）应用 MI－TVP－SV－VAR 模型，实证分析中国灵活动态金融状况指数与通货膨胀的相关关系、因果关系、领先滞后关系，以及提前预期通货膨胀能力，为其货币政策实施和经济预期管理提供科学决策依据。

1.8　研究方法

1.8.1　文献资料和统计数据分析法

（1）数据库文献资料法

首先，笔者在中国知网和 SCI 数据库下载大量有关金融状况指数研究的学术文献，以为本书研究提供丰富的学术文献资料；其次，笔者通过在中经网数据库、锐思数据库、国泰安数据库等统计数据库下载大量金融和经济统计数据，以为本书后续实证分析灵活动态金融状况指数提供统计数据有力支持。

（2）互联网文献资料法

首先，笔者在百度搜索、百度文库、中国人民银行网站、国家统计局网站、上海证券交易所网站等中文网站下载了大量金融和经济统计数据，以及有关金融状况指数研究的文献资料。

其次，笔者在谷歌搜索、国际清算银行、美国联邦储备银行等外文网站下载了大量金融和经济统计数据，以及有关金融状况指数研究的文献资料。

（3）社会调查和统计数据分析法

笔者通过向政府部门咨询、会议访谈和统计数据分析等方法获得构建灵活动态金融状况指数的第一手资料，重点采集和分析金融变量、通货膨胀、产出等资料和数据。

1.8.2　定性分析法

（1）在导论研究中使用了定性分析法

本书在对金融状况指数的相关概念、研究背景、研究意义、研究思路、研究内容、研究目标、拟解决的关键问题、研究方法、技术路线、特色与创新之处等多个方面进行分析时使用了定性分析法。

（2）在文献综述研究中使用了定性分析法

本书分四个阶段，从国内和国外两个维度，对金融状况指数相关文献进行了综述和简短的评价，在这个过程中，本书使用了定性分析法。

（3）在简要结论、政策建议和未来展望研究中使用了定性分析法

本书首先对全书研究的结论进行了简单总结，并根据研究结论提出一些政策建议，同时对该项研究未来发展进行了简单的展望，在这个过程中，本书使用了定性分析法。

1.8.3　数理模型分析法

（1）使用数理模型分析法构建了灵活动态测度模型和测度方法

本书借鉴传统金融状况指数的静态测度模型和测度方法，改进简单动态金融状况指数的简单动态测度模型和测度方法，在这个基础上，本书最终提出灵活动态金融状况指数的灵活动态测度模型和测度方法。

（2）使用数理模型分析法构建了三维立体脉冲响应函数公式

本书在二维平面的脉冲响应函数公式的基础上，根据贝叶斯抽样可以获得多组脉冲响应函数值的有利条件，构建了三维立体脉冲响应函数公式。这是本书在国内外首次提出的方法。

1.8.4　计量模型分析法

（1）使用计量模型分析法实证构建了中国灵活动态金融状况指数

首先，本书分别使用了 HP 滤波法、单位根检验法、格兰杰因果关系检验法、滞后阶数检验法对样本数据进行前期处理和检验，为最终实证测度中国灵活动态金融状况指数完成了样本数据的准备。

其次，本书使用了 MI – TVP – SV – VAR 计量模型，选择经前期处理和检验的样本数据，实证测度了构成中国灵活动态金融状况指数各个构成金融变量的系数、对应方程的残差等估计值。

再次，本书使用三维立体脉冲响应函数公式，在 MI – TVP – SV – VAR 计量模型估计的相关统计量的基础上，测算了中国灵活动态金融状况指数各个构成金融变量的三维立体脉冲响应函数值。

最后，将测算的三维立体脉冲响应函数值，代入灵活动态测度模型和测度方法中，最终测算得到中国灵活动态金融状况指数。

（2）使用计量模型分析法实证应用了中国灵活动态金融状况指数

首先，本书使用相关系数法，实证分析了中国灵活动态金融状况指数与通货膨胀的相关系数的大小及其平均值。

其次，本书使用了交叉谱方法，实证分析了中国灵活动态金融状况指数与通货膨胀的领先滞后关系。

再次，本书使用了格兰杰因果关系检验法，实证分析了中国灵活动态金融状况指数与通货膨胀的格兰杰因果关系。

最后，本书使用了循环预测法，实证分析了中国灵活动态金融状况指数对通货膨胀的提前预测能力。

1.9　技术路线

本研究的总体技术路线可概括为：尝试将金融状况指数的构建与应用问题置于发展中国家和转型国家的独特经济背景下，考虑到近期中国金融"四化"的进程、经济新常态和"三期叠加"的特殊国情使中国货币政策出现了前述"三多"特征，本书首次构建能够刻画货币政策"三多"特征的 MI – TVP – SV – VAR 模型，接着在此基础上，构建进一步反映上述国情的灵活动态测度模型和测度方法，然后以中国为例，采用上述构建的计量模型以及测度模型和测度方法，实证构建中国灵活动态金融状况指数，最后，实证应用中国灵活动态金融状况指数（见图 1.2）。

1.9.1　构建灵活动态计量模型

（1）构建 MI – TVP – SV – VAR 模型的方程形式

本书在时变系数随机方差系列模型中引入混合创新项（MI），即在 TVP – VAR 模型和 SV – VAR 模型中，引入混合创新项（MI），构建 MI – TVP – SV – VAR 模型的具体方程形式。

（2）撰写 MI – TVP – SV – VAR 模型代码并模拟检验

首先，使用 Matlab 软件，撰写实现 MI – TVP – SV – VAR 模型的代码，为中国灵活动态金融状况指数最终构建及应用做好前期准备工作。

其次，使用 Matlab 软件，生产模拟数据，对上述代码进行实证检验，发现错误，最终完善，使之完全用于分析中国的样本数据。

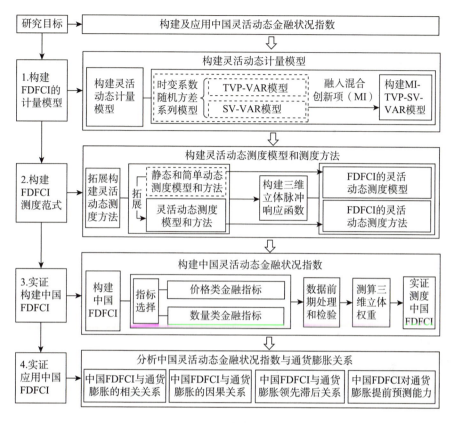

图 1.2 技术路线

1.9.2 构建灵活动态测度模型和测度公式

（1）借鉴传统静态金融状况指数的静态测度模型和测度公式

Goodhart 和 Hofmann（2001）提出了传统金融状况指数的静态测度模型和测度公式，这是本书构建灵活动态金融状况指数的基础和借鉴，在这个基础上，构建灵活动态金融状况指数的灵活动态测度模型和测度公式。

（2）改进简单动态金融状况指数的简单动态测度模型和测度公式

在 Goodhart 和 Hofmann（2001）的基础上，一些学者基于 TVP 等简单动态模型，提出了简单动态测度模型和测度公式，这是本书构建灵活动态金融状况指数的进一步基础和借鉴，在这个基础上，构建灵活动态金融状况指数的灵活动态测度模型和测度公式。

（3）提出灵活动态金融状况指数的灵活动态测度模型和测度公式

本书根据 MI－TVP－SV－VAR 模型，将上述静态和简单动态两个测度模型和测度公式，拓展为灵活动态测度模型和测度公式。

1.9.3　实证构建中国灵活动态金融状况指数

（1）选择金融变量

首先，选定选择视角。从综合货币政策传导机制理论出发，既要筛选能够全面反映中国金融价格水平状况的指标，包括货币价格和资产价格，如利率、汇率、房价、股价，又要筛选能够充分表征金融发展规模的指标，如货币供应量等。

其次，确定选择原则。根据相关性、可得性、客观性、重要性等原则筛选灵活动态金融状况指数构建需要的指标。

（2）数据前期处理和检验

首先，对样本数据进行前期处理。根据 VAR 模型要求样本数据平稳的条件，本书首先对原始数据进行季节性调整、实际化处理、对数化处理、HP 滤波处理、标准化处理等前期处理，使经过前期处理的样本数据最终符合 MI－TVP－SV－VAR 模型估计要求。

其次，对样本数据进行检验。为了使本书经过前期处理的样本数据符合要求，本书在对样本数据进行单位根检验和因果关系检验，确保样本数据平稳，以及金融变量和通货膨胀之间存在显著的因果关系后，才最终将其代入 MI－TVP－SV－VAR 模型进行参数估计。

（3）测算灵活动态权重

首先，测算灵活动态金融状况指数各个组成金融变量的缺口值。到目前为止，绝大多数文献都使用 HP 滤波估计缺口值，因此本书也使用 HP 滤波方法估计灵活动态金融状况指数各个组成金融变量的缺口值。

其次，估计灵活动态金融状况指数各构成金融变量的三维立体脉冲响应函数值。基于测算的缺口值,使用贝叶斯统计框架下的 MCMC 方法估计的 MI – TVP – SV – VAR 模型得出灵活动态金融状况指数各构成金融变量的三维立体脉冲响应函数值。

最后,测算灵活动态金融状况指数的灵活动态权重。把三维立体脉冲响应函数值,代入灵活动态金融状况指数的灵活动态测度模型和测度公式,测算各构成金融变量的灵活动态权重。

(4) 测度灵活动态金融状况指数

根据上一步得到的灵活动态金融状况指数各个构成金融变量的灵活动态权重,加权得到中国灵活动态金融状况指数。

1.9.4　实证应用中国灵活动态金融状况指数

(1) 实证检验中国灵活动态金融状况指数与通货膨胀的相关关系

使用跨期相关系数法和图形比较法,实证检验中国灵活动态金融状况指数与通货膨胀之间是否存在较大的相关关系,从而为评价货币政策效果提供依据。

(2) 实证检验中国灵活动态金融状况指数与通货膨胀的领先滞后关系

使用交叉谱分析法,实证检验中国灵活动态金融状况指数是否明显领先于通货膨胀,从而确定中国灵活动态金融状况指数是否能够成为通货膨胀的一个先行指标。

(3) 实证检验中国灵活动态金融状况指数与通货膨胀的因果关系

使用格兰杰因果关系检验方法,实证检验中国灵活动态金融状况指数与通货膨胀之间是否存在显著的双向因果关系,从而为金融监督部门货币政策的制定和实施,以及实体经济部门投融资决策提供参考依据。

(4) 基于中国灵活动态金融状况指数实证预测通货膨胀

使用循环预测方法,以中国灵活动态金融状况指数滞后阶数为自变量,以通货膨胀为因变量,对通货膨胀进行提前预测,以检验中国灵活动态金融状况指数是否对通货膨胀具有较好的预测能力。

1.10　特色与创新之处

1.10.1　特色之处

（1）灵活动态模型推广有特色

本书引入灵活动态模型，即 MI－TVP－SV－VAR 模型，进而将其应用于构建灵活动态金融状况指数的灵活动态测度模型和测度公式，并将其最终成功应用于中国灵活动态金融状况指数的构建。因此，本书将 MI－TVP－SV－VAR 模型推广应用到构建灵活动态金融状况指数，具有模型推广特色。

（2）金融状况指数具有多种结构灵活动态变化特色

通过纳入中国金融和经济多种结构灵活动态变化，本书将传统的静态或者简单动态金融状况指数，拓展为灵活动态金融状况指数，使该指数能够刻画在中国金融"四化"、经济新常态和"三期"叠加背景下中国金融经济呈现多种经济结构灵活动态变化的国情。因此，这使本书在指数拓展上具有多种结构灵活动态变化特色。

1.10.2　创新之处

（1）提出灵活动态金融状况指数概念

基于中国全面改革开放和转型升级的特殊国情，通过纳入多种结构变化特征的新内容，将传统静态和简单动态金融状况指数进行拓展，提出了灵活动态金融状况指数，这为货币政策实施和经济预期管理提供新指标，即本书构建的灵活动态金融状况指数。

（2）构建灵活动态测度模型和测度公式

构建灵活动态模型，即 MI－TVP－SV－VAR 模型，使其能够同时兼顾多结构信息性、多动态性、灵活性三大特征，并基于该模型，构建灵活动态金融状况指数的灵活动态测度模型和测度公式，以为金融状况指数的构建及应用方法提供新菜单。这些模型、公式和指数的具体特征如下。

第一，多结构信息性。本书在构建灵活动态金融状况指数的模型和公式中引入多种结构变化，将不能刻画结构变化的静态金融状况指数和只能刻画一种结构变化的简单动态金融状况指数，拓展为能够刻画多种结构灵活动态变化的灵活动态金融状况指数，以求能够刻画像中国这样的发展中国家和转型国家货币政策传导机制"三多"特征，从而使本书构建的模型、公式和指数具有多结构信息性特征。具体来说，本书引入三个结构变化项，分别是时变系统项的灵活动态结构变化、随机方差项的灵活动态结构变化和随机协方差项的灵活动态结构变化。

第二，多动态性。本书在构建灵活动态金融状况指数的模型和公式中引入三个动态项，一是时变系数项（TVP），二是随机方差项（SV），三是随机协方差项（也是 SV），将一般使用简单状态空间模型构建只具备单一动态特征的传统静态或简单动态金融状况指数，拓展为使用灵活动态模型，构建具备多动态特征的灵活动态金融状况指数，以求能够刻画像中国这样的发展中国家和转型国家因为全面改革开放和转型升级而具有的金融经济关系多种实时变化的特征，从而使本书构建的这些模型、公式和指数具有多动态特征。

第三，灵活性。目前国内外学者构建动态金融状况指数，一般都使用简单状态空间模型（主要是 TVP 模型），这个模型基本假定就是金融和经济每时每刻都在发生结构变化，这显然与实际情况不符，实际情况应是时而发生变化，时而保持稳定，而本书构建的灵活动态金融状况指数引入并拓展了 Koop 等（2009）提出的灵活动态模型，这恰好能够较好地刻画这种灵活机动特征，从而使本书构建的这些模型、公式和指数具有灵活性特征。

第 2 章 金融状况指数文献综述及评价

金融状况指数（FCI）起源于 20 世纪 80 年代末加拿大银行提出的货币状况指数（Monetary Condition Index，MCI）概念，加拿大将其作为货币政策操作目标。这个指数引起各界的广泛兴趣，并在一些发达国家央行、国际组织和跨国公司中被推广使用。加拿大银行学者 Freedman（1994）首次提出了货币状况指数（MCI）概念，对 MCI 的经济背景、数理模型、测度和应用进行了系统研究，使用基于总需求缩减式模型和通货膨胀因子模型的单方程回归分析方法，根据 1984～1999 年的月度数据，选择短期利率和汇率两个货币市场的金融价格变量并分别赋予 0.75 和 0.25 以及 0.667 和 0.333 的权重，线性构建了加拿大静态实际和名义 MCI，认为 MCI 应作为货币政策的操作目标和最终目标的指示器。

Goodhart 和 Hofmann（2001）首先提出了金融状况指数概念，通过在货币状况指数（MCI）中引入股价和房价拓展得到金融状况指数（FCI）。同时，王玉宝（2003）首次将金融状况指数引进国内。自金融状况指数（FCI）概念被提出并引进国内后，国内外许多学者对 FCI 的构建与应用进行了卓有成效的研究，取得了丰硕的成果。虽然国内外学者对 FCI 的研究各式各样，但根据使用的计量模型为主脉络进行分类，本书将国内外 FCI 构建与应用研究大致分为时间上有一定重叠的四个阶段或内容上有继起关系的四个过程。

首先，早期阶段的静态金融状况指数研究。在这个阶段，国内外学者选择少量的金融变量指标（一般为 3~5 个，包含货币和资本变量指标），主要使用常系数计量模型等方法，构建及应用静态金融状况指数。这个阶段研究的显著特点是金融状况指数是静态的和信息含量少。

其次，中期阶段的静态和多信息金融状况指数研究。在这个阶段，国内外学者为了解决早期阶段金融状况指数包含的信息较少的缺陷，选择大量和多种多样的金融变量指标，主要使用因子分析法等方法，构建及应用静态和多信息金融状况指数。这个阶段研究的显著特征是金融状况指数的静态性和多信息性。

再次，近期阶段的简单动态金融状况指数研究。在这个阶段，国内外学者为了解决前期阶段金融状况指数的静态性，主要使用时变系数、非线性模型等方法，构建及应用动态金融状况指数。这个阶段研究的显著特征是金融状况指数的动态性和非线性。

最后，现阶段的多维动态金融状况指数研究。在这个阶段，国内外学者为了解决金融状况指数特征的单调性，提出将上述多信息性、动态性和非线性等特征进行融合，构建及应用复杂动态金融状况指数。这些阶段的显著特征使金融状况指数具有上述多种特征组合的综合特征。

2.1　早期阶段的静态金融状况指数文献综述

在早期阶段，国内外学者基于 IS 曲线方程、菲利普斯曲线方程（PC）以及宏观经济模型等宏观经济理论和货币政策理论，选择少量金融变量指标的季度或月度样本数据，主要使用多元线性回归、向量自回归和大型结构方程模型等常系数计量模型，测定静态权重，构建了一些国家和地区的静态金融状况指数（FCI）。起初，欧美发达国家开始盛行这种研究范式，后来这种研究范式逐步扩散到其他发达国家和发展中国家。

2.1.1　基于多元线性回归模型的静态金融状况指数文献综述

(1) 国外文献综述

Goodhart 和 Hofmann（2001）分别以大型宏观经济模型、缩减式方程［包括后顾供给模型（即菲利普斯曲线模型）和后顾需求模型（即 IS 曲线模型）］为理论基础，选择 1973 年第 1 季度至 1998 年第 4 季度的利率、汇率、股价和房价 4 个金融变量样本数据，分别使用 HP 滤波测算的通货膨胀和产出缺口、OLS 和 VAR 计量模型，构建了 G7 国家（美国、日本、德国、英国、法国、加拿大、意大利）的静态 FCI，实证结果表明，无论在样本内还是样本外，FCI 对通货膨胀和产出缺口都具有很好的预测能力。

Mayes 和 Virén（2001）选择 1985 年第 1 季度至 2000 年第 3 季度的利率、汇率、股价和房价 4 个金融变量面板样本数据，从 IS 曲线模型出发，使用多元回归模型，构建了欧洲经济区 11 个国家的静态 FCI，发现可以将 FCI 作为预测产出缺口的指标。

Lack（2003）以宏观模型结构方程为基础，选择利率、汇率、房屋价格指标，使用 OLS 计量模型，构建瑞士静态金融状况指数（FCI），发现可以用 FCI 作为预测通货膨胀的指标。

(2) 国内文献综述

王玉宝（2003）以总需求模型为理论基础，选择利率、汇率、房地产价格和股价 4 个金融市场的金融价格变量的 1997 年第 1 季度至 2002 年第 4 季度的季度数据，使用 OLS 计量模型，测算它们的权重，分别为 0.36、0.5、0.07 和 0.066，构建了中国静态实际 FCI，并认为 FCI 可以作为中国货币政策的指示器和政策制定时的辅助参照指标。

陆军和梁静瑜（2007）以总需求模型为理论基础，选择利率、汇率、房地产价格和股价 4 个金融市场的金融价格变量的 1998 年第 1 季度至 2006 年第 1 季度的季度数据，使用多元回归分析方法，测算上述 4 个金融变量的权重，分别为 0.016、0.679、0.157 和 0.042，构建了中国静态实际 FCI，并认为 FCI 可以用来预测中国通货膨胀趋势，作为中国货币政策的辅助指标。

何平和吴义东（2007）以总需求模型为理论基础，选择房地产价格、利率、汇率、货币供应量和股价 4 个金融市场的金融价格变量和 1 个金融市场规模变量的 1994 年第 1 季度至 2006 年第 2 季度的季度数据，使用多元回归计量模型，测算上述 5 个金融变量的权重，分别为 0.16、0.38、0.33、0.1 和 0.03，构建了中国静态实际 FCI，并认为 FCI 为采取及时有效的货币政策操作提供良好的量化参考指标。

李强（2009）选择利率、汇率、房价和股价 4 个金融市场的金融价格变量，选取 2000 年 1 月至 2007 年 12 月的月度数据，以总需求模型为理论基础，使用 OLS 计量模型，测算了上述 4 个金融变量的权重，分别为 0.401、0.121、0.208 和 0.271，构建了中国静态实际 FCI，并认为 FCI 可以用来构建货币政策对资产资格波动的反应函数。

肖垒喜和徐世长（2011）选择短期利率、外汇储备和金融深化 1 个金融市场的金融价格变量、1 个金融市场规模变量和 1 个金融市场结构变量，选取 2000 年 1 月至 2009 年 9 月的月度数据，以总需求模型为理论基础，使用 OLS 计量模型，测算了上述 3 个金融变量的权重，分别为 0.6543、0.0011 和 0.3446，构建了中国静态实际 FCI，并认为 FCI 可以用来监测中国货币政策的松紧状况、预测通货膨胀和构建货币政策反应函数。该文一个重要创新是首次在 FCI 中引入金融深化等金融结构指标，并基于扩张的 FCI 构建基于扩展泰勒规则的中国货币政策反应函数。

2.1.2　基于向量自回归模型的静态金融状况指数文献综述

（1）国外文献综述

Gauthier，Graham 和 Liu（2003）使用 IS 曲线模型、VAR 广义脉冲响应函数和因子模型方法，根据 1981~2000 年的季度数据，选择利率、汇率、房地产价格、股票价格和债券收益率的风险溢价指标，构建加拿大静态金融状况指数（FCI），发现可以用 FCI 作为预测 GDP 而非通货膨胀的指标。

Beaton, Lalonde 和 Luu（2009）从美国经济增长率出发，选择 1979 年第 3 季度至 2009 年第 1 季度，使用结构向量误差修正模型（SVECM）和大型宏观经济模型（MUSE）（来源于加拿大银行的 MUSE 模型，即在一个一般均衡框架中，金融变量影响产出），构建了美国的两个 FCI，实证分析结果表明：第一，美国金融危机减少了 2008 年第 4 季度至 2009 年第 1 季度的 GDP 约 5 个百分点，2009 年第 2 季度的 GDP 约 10 个百分点；第二，通过计算紧的金融状况与美国联邦基金利率的等价关系，发现 2007 年中期以来的紧的金融状况相当于美国联邦基金利率 300 个基点，且美国金融危机期间的宽松货币政策并没有完全抵消前期紧缩政策的影响；第三，通过分析研究零利率下限条件下金融冲击与实体经济的关系，发现美国金融危机期间由于货币政策利率达到零利率下限，紧的金融状况对经济增长的影响扩大约 40%。

Guichard, Haugh 和 Turner（2009）选择 1990 年第 4 季度至 2007 年第 3 季度的汇率、短期和长期利率、信贷供应的变化、公司债券利差和家庭财富等指标，通过大型宏观经济模型对 FCI 的权重进行校准，使用 VAR 模型和缩减式方程，构建美国、日本、欧元区和英国的 FCI，发现 FCI 可以预测上述国家的 GDP。

Osorio, Unsal 和 Pongsparn（2011）分别选择包含多个金融指标的 1990 年第 1 季度至 2010 年第 4 季度的季度数据和 2000 年 1 月至 2011 年 1 月的月度数据，使用 VAR 模型和动态因子模型，构建了亚洲 13 个国家和地区的静态实际 FCI，并将两个 FCI 进行加权平均，得到一个新的 FCI，发现 FCI 对 GDP 增长率具有良好的预测能力，可作为 GDP 的领先指标。

Chow（2013）使用 VAR 模型的线性方法，根据 1978 年第 1 季度至 2011 年第 2 季度的季度数据，选择了利率、汇率、信贷、股价和房价 5 个指标，构建了新加坡的 FCI，发现 FCI 可以作为新加坡货币政策的信息器以及产出的良好预测指标。

（2）国内文献综述

王玉宝（2005）使用基于菲利普斯曲线的 VAR 模型的线性方法，根据 1995 年第 1 季度至 2003 年第 4 季度的季度数据，选择利率、汇率、房地产价格和股价 4 个金融市场的金融价格变量，分别赋予 0.10、0.16、0.36 和 0.22 的权重，构建了中国静态实际 FCI，并认为 FCI 可以作为中国货币政策的指示器。

王慧敏（2005）使用 IS - PC 曲线模型、VAR 脉冲响应函数和因子分析法三种线性方法，根据 1994 年第 1 季度至 2005 年第 2 季度的季度数据，选择利率、汇率、股价和房地产价格 4 个金融市场的金融价格变量，分别赋予不同的权重，构建了中国静态实际 FCI，并认为 FCI 可以用来预测中国经济趋势。

封北麟和王贵民（2006a）使用基于总需求模型的 VAR 模型的线性方法，根据 1995 年第 1 季度至 2005 年第 4 季度的季度数据，选择货币供应量 1 个货币市场的金融规模变量和房地产价格、利率、汇率和股价 4 个金融市场的金融价格变量，分别赋予 0.2734、0.1670、0.2237、0.2879 和 0.0480 的权重，构建了中国静态实际 FCI，并认为 FCI 可以用来预测中国经济趋势。

封北麟和王贵民（2006b）使用基于总需求模型的 VAR 模型的线性方法，根据 1995 年第 1 季度至 2005 年第 3 季度的季度数据，选择货币供应量 1 个货币市场的金融规模变量和房地产价格、利率、汇率和股价 4 个金融市场的金融价格变量，分别赋予 0.329、0.353、0.190、0.120 和 0.008 的权重，构建了中国静态实际 FCI，将 FCI 指数作为目标和信息变量纳入泰勒规则，运用 GMM 方法估计了中国的货币政策反应函数。

王丽娜（2009）使用 VAR 模型的线性方法，根据 1996 年 1 月至 2008 年 6 月的月度数据，选择货币供应量、房地产价格、短期利率、汇率、股价和长期利率 5 个金融市场的金融价格变量和 1 个金融市场规

模变量，分别赋予 0.0194、0.0555、0.3082、0.0169、0.2739 和 0.2830
的权重，构建了中国静态实际 FCI，并认为 FCI 可以用来预测通货膨胀。

鲁旭（2009）运用结构 VAR 模型的脉冲响应函数及广义脉冲响应
函数测算了"拓展"的中国 FCI，并通过 Granger 因果检验发现，资产
价格中包含了大量的通货膨胀信息，FCI 可以作为通货膨胀的先行指
标。然后将 FCI 指数纳入"前瞻性"的货币政策反应函数之中，运用
GMM 估计发现：①目前央行的利率政策对金融形势过于宽松的状况十
分敏感；②短期利率调整在通胀率和产出缺口增加时都会同向增加，能
促进通胀率下行，保持产出稳定；③目前中国的利率政策在实行过程中
存在显著的平滑行为，利率平滑操作机制逐渐进入央行视野。最后，结
合实证的结论，分析目前中国货币政策操作框架的不足，提出了一个以
FCI 为参考指标的货币政策操作新框架，即参考 FCI，以利率为操作中
介，以产出、通胀为"双目标"货币政策操作新框架，并确立了这一
新的货币政策操作框架，给出了相应政策建议。

戴国强和张建华（2009）使用 VECM 模型的线性方法，根据 2005
年 7 月至 2008 年 11 月的月度数据，选择汇率、房产价格、利率、电价
和股价 3 个金融市场的金融价格变量和 1 个能源市场价格变量，分别赋
予 0.17、0.54、0.24 和 0.05 的权重，构建了中国静态实际 FCI，并认
为 FCI 可以用来预测通货膨胀和设计货币政策规则。

王彬（2009）使用 VAR 模型的线性方法，根据 1999 年 12 月至
2009 年 1 月的月度数据，选择股价、汇率、房地产价格、货币供应量、
短期利率 4 个金融市场的金融价格变量和 1 个金融市场规模变量，分别
赋予 0.0513、0.0541、0.2958、0.5414 和 0.0575 的权重，构建了中国
静态实际 FCI，并认为 FCI 可以用来预测通货膨胀和设计货币政策规则。

课题组（2010a）使用基于菲利普斯曲线的 VAR 模型的线性方法，
根据 2002 年第 1 季度至 2009 年第 3 季度的季度数据，选择短期利率、
汇率、信贷规模和股价 3 个金融市场的金融价格变量和 1 个金融市场规
模变量，分别赋予 0.4044、0.2133、0.0623 和 0.32 的权重，构建了中

国静态实际 FCI，并认为 FCI 可以用来管理通货膨胀。

李成、王彬和马文涛（2010）使用 VAR 模型的线性方法，根据 1999 年 12 月至 2009 年 6 月的月度数据，选择股价、汇率、房地产价格、货币供应量和短期利率 4 个金融市场的金融价格变量和 1 个金融市场金融规模变量，分别赋予 0.05、0.054、0.29、0.54 和 0.06 权重，构建了中国静态实际 FCI，并认为 FCI 可以用来预测通货膨胀，以及分析 FCI 与通货膨胀、经济增长之间的均值和波动溢出效应。

贾德奎（2010）使用 VAR 模型的线性方法，根据 2000 年 1 月至 2009 年 3 月的月度数据，选择短期利率、汇率、货币供应量、信贷增长和股价 3 个金融市场的金融价格变量和 2 个金融市场规模变量，分别赋予 0.18、0.19、0.41、0.17 和 0.05 的权重，构建了中国静态实际 FCI，并认为 FCI 可以用来测度中国货币政策操作风险。

课题组（2010b）使用基于菲利普斯曲线的 VAR 模型的线性方法，根据 2002 年第 1 季度至 2009 年第 3 季度的季度数据，选择短期利率、汇率、信贷规模和股价 3 个金融市场的金融价格变量和 1 个金融市场规模变量，分别赋予 0.4044、0.2133、0.0623 和 0.32 的权重，构建了中国静态实际 FCI，并认为 FCI 可以用来管理通货膨胀。

肖祖星（2010）首先对货币政策与资产价格两者之间的理论关系进行梳理，并分析资产价格在货币政策传导机制中的作用，从而对资产价格与货币政策之间的作用机制有较为清晰的认识。其次，利用向量自回归和因子分析法分别构建包含资产价格在内的中国金融状况指数（FCI），分析所构建的指数与实体经济产出和通货膨胀之间的关系。最后，把包含资产价格的金融状况指数纳入泰勒规则中检验中国货币政策与资产价格的变动关系，得到以下主要结论。①实证发现所构建的各 FCI 指数均能在一定程度上领先于宏观经济的变化，能够发挥宏观经济变化的指示器作用。②资产价格（特别是房地产价格）在金融状况指数中所占的权重很高（33%），资产价格波动成为反映中国金融环境变化的重要一部分，央行有必要将资产价格纳入货币政策的目标参考范围内。③将金融状况指数 FCI2 纳入泰勒规则中估计检验结果表明，利率与通胀率、金融状况指数统计显著正相关，央行在设定利率时隐含地考虑了金融市场和资产价格因素。

关大宇（2010）分别使用总需求模型的缩减式、VAR 模型、SVAR 模型、主成分回归模型以及联立方程模型的线性方法，根据 1995 年第 1 季度至 2009 年第 1 季度的季度数据，选择短期利率、汇率、房地产价格、股票价格、货币供应量、信贷规模和石油价格 5 个金融市场的金融价格变量和 2 个金融市场规模变量，分别赋予各种权重，构建了多个中国静态实际金融状况指数（FCI），并认为 FCI 可以用来监测中国货币政策的松紧状况、设计货币政策规则和预测中国经济趋势。

巴曙松和韩明睿（2011）使用 SVAR 模型的线性方法，根据 2002 年 1 月至 2009 年 8 月的月度数据，选择短期利率、汇率、货币供应量、房价、股价 4 个金融市场的金融价格变量和 1 个金融市场规模变量，分别基于通货膨胀和信贷余额，赋予多种权重，构建了两种中国静态实际 FCI，并认为 FCI 可以用来预测通货膨胀等经济趋势。

王志方（2011）使用基于通货膨胀模型的 VAR 模型的线性方法，根据 2005 年 1 月至 2010 年 12 月的月度数据，选择信贷额、进出口总值、固定收益市场收益率、商品房销售额、股价和商品期货价 1 个金融市场的金融价格变量和 5 个金融市场规模变量，分别赋予多种权重，构建了中国静态实际 FCI，并认为 FCI 可以用来监测中国货币政策的松紧状况和预测通货膨胀等经济趋势。

马东平（2011）使用基于总需求模型和通货膨胀模型的 VAR 模型的线性方法，根据 2000 年第 1 季度至 2010 年第 1 季度的季度数据，选择信贷规模、房地产价格、汇率、短期利率、股票价格 4 个金融市场的金融价格变量和 1 个金融市场规模变量，分别赋予 0.4207、0.0953、0.343、0.1155 和 0.0247 的权重，构建了中国静态实际 FCI，并认为 FCI 可以用来监测中国货币政策的松紧状况及预测通货膨胀和产出等经济趋势。

　　王宏涛和张鸿（2011）使用基于总需求方程缩减式模型的 VAR 模型的递归广义脉冲响应函数方法的线性方法，根据 1995 年第 1 季度至 2008 年第 1 季度的季度数据，选择货币供应量、房地产价格、汇率、短期利率和股价 4 个金融市场的金融价格变量和 1 个金融市场规模变量，分别赋予 0.3626、0.1764、0.1227、0.0901 和 0.2473 的权重，构建了中国静态实际 FCI，并使用 FCI 构建中国货币政策的 CGG 规则。

　　刁节文、章虎和李木子（2011）使用基于总需求模型和通货膨胀模型的 VAR 模型的线性方法，根据 2005 年 7 月至 2010 年 3 月的月度数据，选择短期利率、长期利率、汇率、货币供应量、房价、股价、外汇储备、债券利率差价 6 个金融市场的金融价格变量和 2 个金融市场规模变量，分别赋予 0.0814、0.0355、0.0686、0.3567、0.2293、0.1196、0.056 和 0.0529 的权重，构建了中国静态实际 FCI，并认为 FCI 可以用来监测中国货币政策的松紧状况、预测通货膨胀和构建货币政策反应函数。

　　郭明玉（2010）探讨金融情势指数与公债、投资等级公司债与非投资等级公司债之关系，借此探讨金融情势指数应用于债券投资上的实用价值。在研究方法上利用 VAR 模型，用 Granger 因果检定、脉冲响应函数模型与预测误差方程分解模型进行分析。研究样本为联邦储备银行芝加哥分行全国金融情势指数、联邦储备银行芝加哥分行调整后全国金融情势指数、彭博金融情势指数以及美林 - 美国银行公债指数报酬率、美林 - 美国银行投资等级债券指数报酬率与美林 - 美国银行高收益投资债券指数报酬率，研究期间涵盖 1994 年 7 月 1 日至 2011 年 5 月 27 日每周的频率数据。

　　马晓君（2011）使用基于总需求方程缩减式模型的 VAR 模型的递归广义脉冲响应函数方法的线性方法，根据 2005 年 8 月至 2010 年 10 月的月度数据，选择短期利率、汇率、货币供应量、房价、股价 4 个金融市场的金融价格变量和 1 个金融市场规模变量，分别赋予 0.138、0.177、0.30、0.02 和 0.363 的权重，构建了中国静态实际 FCI，并认为 FCI 可以用来监测中国货币政策的松紧状况、预测通货膨胀。

于红芳（2011）运用 VAR 模型分析法，通过各变量对 CPI 的平均脉冲响应进行分析，构建金融状况指数，并得出以下结论：资产价格波动影响央行货币政策目标，CPI 已不足以作为衡量通货膨胀的有效指标，而实证结果也证实了包含资产价格的金融状况指数 FCI 是 CPI 变动的格兰杰因果检验，对未来通货膨胀的变化情况有很好的预测能力，比 CPI 能够更加全面地衡量通货膨胀，可以作为央行货币政策的参考指标。

王千（2012）为证实财政政策对经济增长和通货膨胀的经济作用，将财政收入作为第一个变量纳入 VAR 模型，其与进出口总额、货币发行量（$M2$）、国房景气指数、实际利率和股票价格指数一起构造金融条件指数（FCI），并且与不含有财政收入变量的 FCI 相比较。结果表明，包含财政收入变量的 FCI 对经济增长的负向波动具有先行性，可以作为政策制定的参考标准，但是对于通货膨胀来说 FCI 与其并无先行滞后关联。

张文正（2012）以金融条件指数的构建为切入点，变量包括利率、汇率、房地产价格、股票价格以及人民币信贷量；通过 VAR 广义脉冲响应方法估计各个变量对通货膨胀的影响从而测算各个变量的权重，进而计算出中国的金融条件指数；然后，通过分析 FCI 指数与通货膨胀和经济增长的关系，从而为中国的货币政策提供建议。

封思贤、蒋伏心、谢启超、张文正（2012）在构建并阐释 FCI 预测通胀机理的基础上，使用 VAR 模型的线性方法，根据 1999 年 1 月至 2011 年 12 月的月度数据，选择货币供应量、房价、汇率、利率和股价 4 个金融市场的金融价格变量和 1 个金融市场规模变量，分别赋予 0.27、0.34、0.09、0.27 和 0.03 的权重，构建了中国静态实际 FCI，并认为 FCI 可以用来预测通货膨胀。其创新之处是构建并阐释 FCI 预测通胀的机理。

郭晔和杨娇（2012）使用 VAR 模型的线性方法，根据 1999 年第 1 季度至 2009 年第 4 季度的季度数据，选择房价、汇率、利率和股价 4

个金融市场的金融价格变量，分别赋予 0.43、0.07、0.15 和 0.35 的权重以及 0.44、0.09、0.14 和 0.33 权重，构建了两个中国静态实际 FCI，并认为 FCI 可以用来监测中国货币政策的松紧状况、预测通货膨胀。

骆祚炎和肖祖星（2013）通过财富效应、金融加速器效应、现金流效应、托宾 Q 效应和预期效应机制的研究发现，资产价格的膨胀会使总需求上升并可能导致通货膨胀。VAR 模型构建的 FCI 指数及扩展的泰勒规则检验表明，中国的货币政策重视对流动性的控制，但是对房地产价格等资产价格关注不够，利率发挥的作用相对有限。为了做好实体经济稳定和金融稳定的平衡，货币政策应该关注资产价格，并且应该侧重于对房地产价格的调控。为此，应该研究引起资产价格波动的先行指标，构造广义价格函数以作为货币政策调控的参考标准。货币当局还应该建立逆周期的干预制度，对有可能引发系统性风险的房地产、商业银行和其他影子银行体系进行系统化监管，以维持物价和资产价格的双稳定。

万光彩、于红芳和刘莉（2013）使用 VAR 模型的线性方法，根据 2001 年第 1 季度至 2011 年第 2 季度的季度数据，选择利率、汇率、房价和股价 4 个金融市场的金融价格变量，分别赋予 0.212、0.71、0.045 和 0.033 的权重，构建了中国静态实际 FCI，并认为 FCI 可以用来监测中国货币政策的松紧状况、预测通货膨胀和产出。

秦瑶和苏宗沛（2013）使用 SVAR 的线性方法，根据 2005 年 7 月至 2012 年 7 月的月度数据，选择人民币贷款（或社会融资规模）、房价、汇率、利率和股价 4 个金融市场的金融价格变量和 1 个金融市场规模变量，分别赋予 0.337795l、0.64996、0.0000006、0.00000831 和 0.0122，以及 0.502739、0.48745、0.000000546、0.00000929 和 0.0098 的权重，构建了中国静态实际 FCI，并认为 FCI 可以用来预测通货膨胀，并发现社会融资规模的 FCI 更优。

刁节文和魏星辉（2013）基于 VAR 模型和主成分分析法两种方法分别构建了包含短期利率、汇率、房地产价格、股票价格、货币供应量等变量在内的两个金融形势指数（FCI）模型，用中国经济数据对两个模型进行实证检验。研究结果表明：基于 VAR 模型的金融形势指数 FCI1 与 CPI 走势有更好的契合，能更准确地反映通货膨胀的变化趋势；而基于主成分分析法的金融形势指数 FCI2 则在对一年以上的通货膨胀的预测上有更好的表现。最后将 FCI 纳入麦卡勒姆规则中进行检验，结果表明货币政策对资产价格变化的反应不足。

徐国祥和郑雯（2013）使用 SVAR 模型的线性方法，根据 1997 年 1 月至 2009 年 12 月以及 2006 年 1 月至 2012 年 6 月的月度数据，选择利率、汇率、股票价格和社会融资规模 3 个金融市场的金融价格变量和 1 个金融市场规模变量，分别赋予 0.094、0.111、0.501 和 0.294 的权重，构建了中国静态实际 FCI，并认为 FCI 可以用来预测通货膨胀。

王德（2014）将实际有效利率、实际有效汇率、房地产价格指数、股权价格指数，以及两种不同的货币因素货币供应量和实际信贷余额作为变量，通过 SVAR 脉冲响应方法估计每个变量对 CPI 的影响，进而测算每个变量的权重，并以此构建中国的金融状况指数 FCI1 和 FCI2。然后，对比分析所得的两种金融状况指数与 CPI 和经济增长之间的关系，发现 FCI 对它们有比较好的预测效果。

许涤龙、刘妍琼和封艳红（2014）在分析了 FCI 赋权方法的基本理论的基础上，应用不同的赋权方法构建 FCI，从 FCI 与通货膨胀的拟合情况和跨期相关性强弱比较来看，用 VAR 模型方法和因子分析法构建的 FCI 预测效果较好。因此，未来可以优先考虑使用这两种赋权方法来编制中国的 FCI。

许涤龙和封艳红（2014）在分析了 FCI 赋权方法的基本理论的基础上，应用不同的赋权方法构建 FCI，从 FCI 与通货膨胀的拟合情况和跨期相关性强弱比较来看，用 VAR 模型方法和因子分析法构建的 FCI 预测效果较好。因此，未来可以优先考虑使用这两种赋权方法来编制中国的 FCI。

成仲秀（2014）以货币政策的传导渠道为理论依据，以金融状况指数的构建变量选择为切入点，首先确定中国窄幅金融状况指数、中幅金融状况指数和宽幅金融状况指数各自的变量筛选池，其次通过信度检验和基于结构方程模型的效度检验两个层次的筛选，确定构建三种不同幅度的金融状况指数的具体变量，并采用 VAR 脉冲响应函数赋权法计算从 2006 年 1 月至 2013 年 12 月的中国金融状况指数的月度数据。最后为了验证金融状况指数究竟能否作为货币政策执行效果的指示器，利用金融状况指数和通胀率二者的线性趋势与跨期相关系数、格兰杰因果检验、脉冲响应分析三种方法来验证金融状况指数对通胀率的预测作用。实证结果显示，构建的窄幅、中幅和宽幅三种幅度的金融状况指数在短期（1~3 个月）内对通胀率具有很好的预测效果，可以作为中国货币政策执行效果的指示器。

封艳红（2014）首先从理论角度出发，将金融状况指数赋权方法分为经典方法和经济模型法两类，分别对各种赋权法的基本原理、计算思路、适应对象及优缺点进行详细的研究。其中，经典方法包括分类简化模型、因子分析法、主成分回归法及卡尔曼滤波法，经济模型法包括向量自回归（VAR）模型、结构向量自回归（SVAR）模型、向量误差修正（VEC）模型及联立方程模型。其次在理论方法研究的基础上，根据相关理论选取变量及进行数据处理，将两类赋权方法全部应用于金融状况指数变量权重的确定，并对权重结果分布进行比较分析。最后，基于构建的指数，分别从通货膨胀和经济增长两个角度，通过趋势图、动态相关性、脉冲响应及对宏观经济指标的预测能力，分析和比较各种赋权法下的金融状况指数对中国货币政策目标的预测效果。

许涤龙、刘妍琼和郭尧琦（2014）认为目前多数研究均选用利率、汇率、房价和股价等指标构建金融状况指数，这造成大量经济信息丢失，故应通过建立 FAVAR 模型，选择利率类、汇率类、房价类及股价类等 69 个经济指标，采用广义脉冲响应函数构建金融状况指数，并分析金融状况指数对中国通货膨胀率的预测能力。结果表明：利用 FA-VAR 模型编制的金融状况指数能有效预测未来 5~8 个月内的通货膨胀运行趋势，具有较强先导作用。建议政府机构定期编制金融状况指数，前瞻性地制定相关政策，为及时降低通胀水平提供帮助。

高洁超和孟士清（2014）使用 1998 年 1 月至 2013 年 3 月的月度数据，使用 VAR 方法确定权重，构建了一个包含利率、汇率、房价、股价和货币供应量的 FCI，并对其进行信息预测性检验，发现 FCI 对通货膨胀的预测能力比对经济增长的预测能力更好，接着将其纳入工具变量信息集，利用 Hansen 过度识别检验验证其可行性，并对前瞻性泰勒规则进行估计。

林浩锋和李舜（2014）使用 2004 年 1 月至 2014 年 6 月的月度数据，选取短期敏感性指标，通过向量自回归（VAR）方法构建金融条件指数，该指数对全国房地产开发投资增速有较好的预测效果。

许涤龙和欧阳胜银（2014）考虑到当前金融状况指数（FCI）理论构建和指标选取存在的片面性，以产品市场均衡和货币市场均衡为切入点，提出将非人力财富比重作为重要因素纳入 FCI 的新观点；并针对每一个要素，均用验证性因素分析等方法从若干指标中筛选出代表性最佳的指标，再以 VAR 模型为赋权方法得到中国的 FCI；通过与 CPI 的因果关联、动态分析以及与部分学者的研究成果的比较，发现经过指标定量筛选后构建的 FCI 具有最佳经济效果，更符合中国现实。

林睿和董纪昌（2015）借鉴金融状况指数（FCI），选取了 8 个指标，以 1999 年 1 月至 2014 年 8 月为时间样本，运用 SVAR 模型及 DAG 方法，构建了一个房地产金融条件指数（RE - FCI）。指数结果显示，中国房地产金融状况大致可以分成四个阶段，其中经济危机时期房地产金融状况较差。RE - FCI 对中国潜在的房地产金融风险也有一定的监测作用，中国房地产宏观调控政策对于控制房地产金融风险确实起到了一定的积极作用。

肖强和白仲林（2015）针对利率、汇率、股票价格和房地产价格等 11 个金融变量，利用动态因子模型得到共同金融因子，然后基于 VAR 模型构建了中国金融状况指数（FCI）；并且以 FCI 作为转移变量，建立了包含 FCI、产出和价格的因子扩展的 logistic 平滑转移向量自回归（FALSTVAR）模型，分析 FCI 对宏观经济变量冲击响应对金融状况变迁的依赖性。实证结果表明，在不同金融状况下，FCI 代表的金融市场对产出和价格的影响具有非对称性。在金融状况较好情形下，FCI 对产出具有显著的正向冲击效应；而在金融状况恶化的情形下，FCI 对产出具有显著负的即有害的影响。

张兰（2015）从分析中国物价稳定目标与金融稳定目标相背离的现象出发，在借鉴国内现有文献中金融状况指数（FCI）研究成果的基础上，添加房地产价格变量，建立一个包含 6 个变量的 VAR 模型并进行实证检验。结果证实，新的 FCI 指数与中国资产价格波动之间具有强相关关系。

刘任重和刘冬冬（2016）运用 VAR 模型构建了包含利率、汇率、房价、上证指数、广义货币供应量、消费者物价指数 6 个变量缺口值在内的金融状况指数（FCI），将 FCI 与通货膨胀和股市投资热度（新增证券账户数）进行预测检验，发现前者与后两者具有很强的一致性，并对后两者有很好的预测性。这表明房价和股票价格等资产价格对经济的影响越来越大，央行在实施调节经济波动，诸如控制通货膨胀的货币政策时，必须对资产价格可能影响货币政策的传导和独立性加以考虑。

2.2　中期阶段的静态和多信息金融状况指数文献综述

在中期阶段，国内外学者为了解决早期阶段金融状况指数包含的信息较少的缺陷，基于 IS 曲线方程、菲利普斯曲线方程（PC）以及宏观经济模型等宏观经济理论和货币政策理论，选择信息含量丰富的大量金融变量指标的季度或月度样本数据，主要使用主成分分析法和因子分析法等常系数计量模型，测定静态权重，构建了一些国家和地区的静态和多信息金融状况指数（FCI）。起初，欧美发达国家盛行这种研究范式，后来也逐步扩散到其他发达国家和发展中国家。

2.2.1 基于主成分分析法的静态和多信息金融状况指数文献综述

（1）国外文献综述

Hatzius，Hooper 和 Mishkin 等（2010）选择 1970 年第 1 季度至 2009 年第 4 季度的利率、资产价格、调查指标等 45 个金融变量的非平衡面板季度数据，使用基于非平衡面板技术的主成分分析法，分别构建消除了金融变量中包含的当期和前期宏观经济成分的美国金融状况指数（FCI）和没有消除的美国金融状况指数（FCI），发现两个美国 FCI 都能够较好地预测经济增长和通货膨胀，其中前一个 FCI 在金融危机时以及近期的预测效果要好于后者。此文主要创新之处是首次构建了包含大量金融变量信息的新金融状况指数，以及首次使用非平衡面板技术的主成分分析法构建 FCI。

Gómez，Pabón 和 Gómez（2011）选择包括利率、价格、数量、调查指标、金融指标及其波动率在内的 21 个金融变量的 1991 年 7 月至 2010 年 6 月的非平衡面板月度数据，使用基于非平衡面板分析技术的主成分分析法，构建了未调整和调整的哥伦比亚金融状况指数（FCI），发现相比而言该 FCI 是一个领先实体经济 3 个月的更好的指标，可为金融稳定提供一个早期预警指标。

Vonen（2011）选择包含 13 个金融指标的 1994 年 1 月至 2010 年 12 月的月度数据，使用主成分分析法，构建了挪威的静态未调整和调整的 FCI，发现 FCI 是经济增长的领先指标，并能对其进行较好的样本内和样本外预测，同时其对经济周期具有显著影响。

Brave 和 Butters（2012）选择包括波动指标、信贷指标、信贷风险指标、杠杆指标、流动性指标在内的 100 个指标的 1973～2010 年的周数据，使用主成分分析法等方法，构建了美国金融状况指数（FCI）和调整金融状况指数（AFCI），发现 FCI 可以作为政策制定者和金融市场参与者测度金融市场状态的工具，可以用来监测美国金融稳定状况。该文的主要贡献是构建了首个高频 FCI。

Angelopoulou，Balfoussia 和 Gibson（2013）使用主成分分析法，根据 2003~2011 年的年数据，选择了包括水平和波动指标的多个指标，构建了欧元区及各个国家的静态 FCI，发现该 FCI 可以作为欧元区及各个国家通货膨胀和产出的良好预测指标。

Thompson，van Eyden R 和 Gupta（2013）使用主成分分析法，根据 1966 年 1 月至 2011 年 12 月的月度数据，选择了国际金融市场、货币市场、股票市场、债券市场等 16 个金融市场的水平和波动指标，构建了南非的 FCI，发现 FCI 可以作为南非通货膨胀和产出的先行指标，对其有溢出效应。

Lee，Nam 和 Jeon（2014）选择 50 个韩国的金融变量，建立非平衡面板月度时间序列数据，样本区间为 1990 年 1 月至 2013 年 9 月，运用主成分分析法构建韩国 FCI。研究发现，韩国 FCI 对过去的金融状况具有很好的解释力度，并且可以很好预测宏观经济变量。

（2）国内文献综述

袁靖和薛伟（2011）首先论述了货币政策传导渠道，接着使用主成分分析法和因子分析法的线性方法，根据不平衡面板的 2000 年第 1 季度至 2010 年第 1 季度的季度数据，选择 40 多个金融变量，最终选择了 8 个主成分，构建了中国静态实际 FCI，并认为 FCI 可以用来监测中国货币政策的松紧状况及预测通货膨胀和产出等经济趋势。

刁节文和魏星辉（2013）基于 VAR 模型和主成分分析法两种方法分别构建了包含短期利率、汇率、房地产价格、股票价格、货币供应量等变量在内的两个金融形势指数（FCI）模型，用中国经济数据对两个模型进行实证检验。研究结果表明：基于 VAR 模型的金融形势指数 FCI1 与 CPI 走势有更好的契合，能更准确地反映通货膨胀的变化趋势；而基于主成分分析法的金融形势指数 FCI2 则在对一年以上的通货膨胀的预测上有更好的表现。最后将 FCI 纳入麦卡勒姆规则中进行检验，结果表明货币政策对资产价格变化的反应不足。

封艳红（2014）首先从理论角度出发，将金融状况指数赋权方法分为经典方法和经济模型法两类，分别对各种赋权法的基本原理、计算思路、适应对象及优缺点进行详细的研究。其中，经典方法包括分类简化模型、因子分析法、主成分回归法及卡尔曼滤波法，经济模型法包括向量自回归（VAR）模型、结构向量自回归（SVAR）模型、向量误差修正（VEC）模型及联立方程模型。其次在理论方法研究的基础上，根据相关理论选取变量及进行数据处理，将两类赋权方法全部应用于金融状况指数变量权重的确定，并对权重结果分布进行比较分析。最后，基于构建的指数，分别从通货膨胀和经济增长两个角度，通过趋势图、动态相关性、脉冲响应及对宏观经济指标的预测能力，分析和比较各种赋权法下的金融状况指数对中国货币政策目标的预测效果。

郑桂环、王宇和贾方龙（2014）选取货币供应量、利率、汇率、股票指数和房地产价格等指标，采用主成分分析法构建 FCI。结果显示，从 FCI 本身的走势看，其目前处在下行态势，低于近十年的平均值；从其领先经济指标的性质判断，未来经济增长将低位平稳运行，物价上行压力不大。

2.2.2　基于因子分析法的静态和多信息金融状况指数文献综述

English，Tsatsaronis 和 Zoli（2005）使用因子分析法，选择利率、汇率、风险利差、资产价格、家庭和企业的资金实力、信贷总量，以及银行部门的健康和性能的措施指标，构建美国金融状况指数（FCI），发现可以用 FCI 作为预测 GDP 而非通货膨胀的指标。

Jimborean 和 Mésonnier（2010）选择法国银行部门和宏观部门 1993 年第 2 季度至 2009 年第 1 季度的两个样本数据集，其中银行部门选择的指标是 105 家法国信贷机构的流动性比例、总（广义）杠杆比例和信贷（狭义）杠杆比例三个指标，宏观部门选择的指标是经济增长、物价水平、房地产等 58 个宏观变量；使用动态分层因子增广向量自回归模型（DHFA – VAR 模型），构建了基于法国个体银行的银行金融状况指数（BFCI），并分析与宏观经济和货币政策传导机制的关系，发现法国 BFCI 的变化解释了部分宏观经济变量浮动，杠杆率和流动性比例对宏观经济变量具有较强的预测能力，但法国 BFCI 与货币政策冲击的传导机制没有什么关联性。

Ørbeck，Aksel 和 Torvanger（2011）选择包含 13 个金融指标的 1994 年 1 月至 2010 年 12 月的月度数据，使用动态因子分析法，构建了挪威的静态和滞后 1 阶的 FCI，发现静态 FCI 在 RMSE 标准下是 GDP 更好的预测指标，在 MAPE 标准下滞后 1 阶下 FCI 是 GDP 更好的预测指标，建议预测 GDP 优先考虑静态 FCI（挪威静态 FCI）。

Osario，Unsal 和 Pongsaparn（2011）分别选择包含多个金融指标的 1990 年第 1 季度至 2010 年第 4 季度的季度数据和 2000 年 1 月至 2011 年 1 月的月度数据，分别使用 VAR 模型和动态因子模型，构建了亚洲 13 个国家和地区的静态实际 FCI，并将两个 FCI 进行算术平均，得到一个新的 FCI，发现新 FCI 对 GDP 增长率具有良好的预测力，可作为 GDP 的领先指标。

Matheson（2012）选择包含大量金融指标的 1994 年 1 月至 2010 年 12 月的月度数据，使用动态因子模型方法，构建了美国和欧元区的静态实际 FCI，发现该 FCI 可以用来预测美国和欧元区经济趋势，不仅为这些地区的金融状况提供一个良好的综合测度，而且包含了实体经济活动实时变化的有用信息。

2.3　近期阶段的简单动态金融状况指数文献综述

在近期阶段，国内外学者为了解决前期阶段金融状况指数的静态性，主要使用时变系数、非线性模型等时变动态和非线性动态方法，构建及应用一些简单动态金融状况指数。这个阶段研究的显著特征是金融状况指数的简单动态性和简单非线性。国内外学者在构建及应用简单动态金融状况指数（FCI）时主要使用了卡尔曼滤波、时变系数回归、马尔科夫机制转换向量自回归模型、平滑转换向量自回归模型等简单动态模型方法确定简单动态权重，构建了不同国家和地区的简单动态金融状况指数（FCI）。对这些研究使用的计量方法进行归类，大致将其划分为两大类：第一类，基于时变系数回归类模型的时变动态金融状况指数；第二类，基于非线性回归类模型的非线性动态金融状况指数。下面分别对使用这两类方法的 FCI 构建研究进行具体文献综述。

2.3.1　基于时变系数回归类模型的时变动态金融状况指数文献综述

在近期阶段，国内外一些学者主要使用卡尔曼滤波、时变系数自回归（TVP - AR）模型、时变系数（和随机方差）向量自回归（TVP - (SV) - VAR）模型等时变动态计量模型，构建一些国家和地区的简单动态金融状况指数。

（1）国外文献综述

Montagnoli 和 Napolitano（2005）使用卡尔曼滤波的动态方法选择指标，构建美国、加拿大、欧元区和英国的动态 FCI，认为可以用 FCI 作为货币政策的参考指标和估计前瞻性泰勒规则（美国、日本、欧元区和英国的动态 FCI）。

Gumata，Klein 和 Ndou（2012）选择包含 11 个国内外金融指标的 1999 年第 1 季度至 2011 年第 4 季度的季度数据。金融指标具体分为两个部分，第一部分是全球因素指标，包括标准普尔 500 的波动指数（VIX）、标准普尔 500 股价指数、JP 摩根的总收益率指数、伦敦同业拆借利率、美国国债等；第二部分是国内因素指标，包括向私人部门贷款、主权利差、不良贷款、可转让存单利率、名义有效汇率、股价、房价等多个指标，使用卡尔曼滤波和主成分分析法，构建了南非的动态和静态两个 FCI，发现 FCI 可以作为南非通货膨胀和产出的良好预测指标，并可评估货币政策的有效性（通过找出超过 1 个标准差的期间，货币政策在该期间一般效果较差）。该文的主要创新是引入大量全球因素指标，以反映全球化对货币政策的影响。

Korobilis（2013）使用 Bayesian Model Averaging 线性方法（贝叶斯模型平均方法，BMA），根据 1980 年 1 月至 2011 年 8 月的月度数据，选择了包括水平指标的 28 个指标，构建了美国的 FCI，发现 FCI 可以作为美国产出的良好预测指标（美国 FCI）。

Koop 和 Korobilis（2013）使用时变系数因子增广的向量自回归模型（Time-Varying Factor Augmented Vector Autoregressive Models，TVP – FAVAR），根据 1959 年第 1 季度至 2012 年第 1 季度的季度数据，选择了包括水平和波动指标在内的 20 个指标，构建了英国的动态 FCI，发现 FCI 可以作为英国通货膨胀和产出的良好预测指标。

（2）国内文献综述

王雪峰（2009）使用基于简化的总需求方程的状态空间模型的非线性方法，根据 1998 年第 1 季度至 2008 年第 4 季度的季度数据，选择汇率、房产价格、利率、电价和股价 4 个金融市场的金融价格变量和 1 个能源市场价格变量，分别赋予动态权重，构建了中国动态实际 FCI，并认为 FCI 可以充当中国货币政策中介目标的辅助指标。

王雪峰（2010）使用基于简化的总需求方程的状态空间模型的非线性方法，根据 1998 年第 1 季度至 2008 年第 4 季度的季度数据，选择短期利率、汇率、房地产价格、股票价格和存款性金融机构新增国内信贷规模 4 个金融市场的金融价格变量和 1 个金融规模变量，分别赋予动态权重，构建了中国动态实际金融稳定状态指数（FSCI），并认为 FSCI 可以用来预测中国经济趋势。

刁节文和章虎（2011）使用基于总需求模型的状态空间模型的线性方法，根据 2005 年 7 月至 2010 年 3 月的月度数据，选择短期利率、汇率、货币供应量、房价和股价 4 个金融市场的金融价格变量和 1 个金融市场规模变量，分别赋予相应的权重，构建了中国动态实际 FCI，并使用 OLS 和 STR 模型分别构建了基于 FCI 的中国货币政策的线性和非线性泰勒规则。

卞志村、孙慧智和曹媛媛（2012）使用基于总需求模型（IS 曲线）的状态空间模型方法，根据 1996 年第 1 季度至 2011 年第 4 季度的季度数据，选择利率、汇率、房价和股价 4 个金融市场的金融价格变量，分别赋予动态权重，构建了中国动态实际 FCI，并认为 FCI 可以用来监测中国货币政策的松紧状况、预测通货膨胀和产出、构建泰勒规则和麦克勒姆规则。

刁节文和容玲（2012）使用基于总需求模型的状态空间模型方法，根据 2005 年 7 月至 2010 年 3 月的月度数据，选择短期利率、汇率和货币供应量，以及短期利率、汇率、房价、股价和货币供应量，分别赋予 0.256、0.299 和 0.445，以及 0.012、0.286、0.156、0.424 和 0.234 的权重，构建了中国实际 MCI 和 FCI，并认为 FCI 可以用来监测中国货币政策的松紧状况、预测通货膨胀，FCI 优于 MCI。

文青（2013）使用基于总需求方程缩减式模型的时变参数状态空间模型的非线性方法，根据 1998 年第 1 季度至 2012 年第 2 季度的季度数据，选择利率、汇率、房价、股价和货币供应量 4 个金融市场的金融价格变量和 1 个金融市场规模变量，分别赋予 0.3404、0.2328、0.3015、0.0180 和 0.1072 权重，构建了中国静态实际 FCI，并认为 FCI 可以用来监测中国货币政策的松紧状况、预测通货膨胀和产出。

余辉和余剑（2013）使用时变参数状态空间模型的非线性方法，根据 1997 年 1 月至 2009 年 12 月以及 1997 年 1 月至 2011 年 12 月的两组月度数据，选择利率、汇率、货币供应量、股价和房价 4 个金融市场的金融价格变量和 1 个金融市场规模变量，分别赋予动态权重，构建了中国动态实际 FCI，并认为 FCI 可以用来预测通货膨胀和测度不同类型货币政策传导效应。

许涤龙和欧阳胜银（2014）以具有可变参数特征的状态空间模型为基础，以 2002 年第 1 季度至 2013 年第 3 季度为样本区间，拟合具有可变权重的包含利率、汇率、房价、股价、货币供应量和第二产业增加值比重的 FCI。

丁丽（2015）建立金融状况指数指标，选取实际有效汇率、实际房价、实际股价、实际货币供应量，以构造更符合中国实际国情的金融状况指数。在金融状况指数权重的计算方法上，该论文构建了两种权重的金融状况指数——基于总需求缩减式所计算出的静态权重的金融状况指数（FCI－s）以及在总需求缩减式的基础上利用状态空间模型构建权重系数时变的金融状况指数（FCI－m），通过对比，判断两种权重所建立的金融状况指数哪个能更好地预测通货膨胀（CPI、PPI）的变化。在预测过程中，不仅进行了样本内的预测，还进行了样本外的预测，分析金融状况指数对通货膨胀、样本内外的数据是否都有很好的预测效果。

屈军和朱国华（2016）基于金融变量和通货膨胀之间的传递机理，选取了 2001 年 1 月至 2014 年 12 月期间利率、汇率和股票市场等金融变量指标的非平衡面板数据，利用时变系数和随机波动率的因子扩展向量自回归（TVP－FAVAR）模型构建了动态权重的金融状况指数（FCD），克服了传统固定权重构造方法中经济信息含量少、未考虑经济制度环境结构性变化等缺点。在此基础上，进一步研究了金融状况指数与通货膨胀之间的动态关系。结果表明，金融状况指数能较好预测和解释未来通货膨胀运行趋势，样本期内通货膨胀对金融状况指数冲击响应具有显著时变动态特征。

邓创、滕立威和徐曼（2016）选取股票价格、房地产价格、汇率、利率、货币供给、信贷规模 6 个金融指标，利用时变参数向量自回归模型确定其时变权重，合成了中国的动态金融状况指数，并在此基础上考察了中国金融状况的波动特征及其宏观经济效应的非对称性特征。结果表明，中国金融状况的波动具有明显的周期性规律和缓慢扩张、快速收缩的非对称性特征，且分别领先于通货膨胀 11 个月和经济波动 5 个月左右；金融状况变动对通货膨胀和经济波动的冲击影响具有显著的非对称性特征，金融状况好转对通货膨胀和经济波动的促进作用要比金融状况恶化对二者产生的负面影响更为显著。近年来，中国金融状况处于松紧适度的良性区间，因而是新常态背景下经济结构转型升级和金融改革创新的重要契机。

2.3.2　基于非线性回归类模型的非线性动态金融状况指数文献综述

在近期阶段，国内外文献主要使用马尔科夫机制转换向量自回归（MS - VAR）模型、平滑转换向量自回归（ST - VAR）模型、支持向量自回归模型等非线性动态计量模型，构建一些国家和地区的非线性动态金融状况指数。

（1）国外文献综述

Opschoor, Dijik 和 Wel（2013）使用因子样条 GARCH（Factor Spline GARCH）模型和 DCC - GARCH 模型实证分析了 FCI 对股票收益率波动和动态相关系数的影响，发现影响显著，并且在金融危机时这种影响显著增加。

Zhou, Lu, Cui 和 Zhang（2014）基于中国 1999 年 1 月至 2013 年 11 月的月度数据，该文首先探讨了非线性金融状况指数（NFCI）的构建方法，接着使用 MS - VAR 模型的区制脉冲响应方法测度了中国非线性 FCI，并实证分析了 FCI 对中国通胀的预测能力。结果表明：在分析金融变量对通胀水平的影响效果和预测通胀方面，采用综合反映一国货币供应量、利率、汇率、股价等金融变量的非线性 FCI 比采用线性 FCI 和单一的金融变量更合理、更全面；FCI 是中国通胀的先行指标，包含未来通胀水平变化的有用信息，可以有效预测未来 7 个月内的通胀运行趋势。

Hua, Yang 和 Ye 等（2015）使用中国 2001 年 1 月至 2004 年 9 月的 45 个月度数据，基于精确在线支持向量回归（SVR）模型构建了一个新的动态金融状况指数（DFCI），构建 DFCI 是为了对未来的通胀压力进行评估。研究结果表明，在 DFCI 金融变量的动态效果随时间变化的经济和金融环境下，通过验证我们 DFCI 权重的动态特性发现，在总体上，我们的 DFCI 汇率、股票价格和货币供应量对 DFCI 具有下推作用，采取消极的动态权重；房屋价格对 DFCI 具有上拉作用，采取积极的动态权重；利率对 DFCI 的效果是不稳定的，以符号改变动态权重。格兰杰因果关系检验结果表明，相比 FCI，基于 SVR 模型构建的 DFCI 更具优越性能。

（2）国内文献综述

封思贤、谢启超和张文正（2012）使用 VAR 模型的线性方法，根据 1999 年 1 月至 2011 年 12 月的月度数据，选择货币供应量、房价、汇率、利率和股价 4 个金融市场的金融价格变量和 1 个金融市场规模变量，分别赋予 0.27、0.34、0.09、0.27 和 0.03 的权重，构建了中国国内的一阶矩系列的静态实际 FCI，并使用时期相关系数、格兰杰因果检验、脉冲响应、OLS、MS - VAR 模型利用 FCI 来预测通货膨胀。

周德才、谢海东和何宜庆（2014）使用多变量马尔科夫状态转移模型的非线性方法，根据 1998 年 1 月至 2012 年 6 月的月度数据，选择 3 个股票价格指数，构建了中国国内股市的一阶矩系列的静态实际 FCI，并认为 FCI 可以用来分析财富效应。

易晓溦、陈守东和刘洋（2014）从宏观经济环境、货币政策调控和价格水平波动等角度选取 16 个经济指标，以 2000 年 1 月至 2013 年 12 月为样本区间，基于贝叶斯动态因子模型构建中国 FCI，并进一步从金融不稳定性的角度出发，利用分层狄利克雷混合过程的无限状态隐含马尔科夫区制（MS - IHMM - HDPM）模型，研究了 FCI 的区制效应。

刘妍琼和许涤龙（2014）选取利率、汇率、房价和股价等指标，以 2000 年 1 月至 2013 年 6 月的月度数据为样本区间，利用 VAR 广义脉冲响应模型构建 FCI，并运用马尔科夫区制转移模型对其进行实践演化特征分析。

肖强（2015）针对中国更广泛的金融变量，利用动态因子模型构建了中国金融状况指数（FCI）；并以 FCI——金融市场的代理变量作为转移变量，构建了 logistic 向量自回归（LSTVAR）模型，分析以货币供给量为工具的货币政策对产出和价格冲击的非对称性效应。实证结果表明，在金融状况良好情形下，扩张货币政策对增加产出短期有效而长期无效，而在金融状况恶化情形下，扩张货币政策不引起价格的显著上涨。因此，中国需要构建能反映国情的 FCI，并且根据不同的金融状况采取相应的政策反应，从而避免或降低金融市场波动给宏观经济造成不利影响的可能性，进而维护金融秩序和稳定物价。

李正辉和郑玉航（2015）运用三区制马尔科夫转换模型，考量中国金融状况指数（FCl）的动态变化特征，并采用时变参数状态空间模型，研究金融运行对实体经济发展的有效作用程度。结果发现：中国金融状况具有敏感的区制转换特征以及明显的非对称性特征，从而使其有效性不断变化；金融运行的有效作用程度在 0.3 ~ 0.4 波动，整体上实体经济发展的有效性呈现增强态势。

肖强（2015）构建了三个金融类指数——核心通货膨胀率、金融状况指数和物价预警综合指数，并从不同的视角，使用 logistic 平滑转移自回归（LSTAR）模型，分析货币政策的非对称性效应。

2.4 现阶段的多维动态金融状况指数文献综述

在现阶段，国内外学者为了解决前期阶段金融状况指数的特征的单调性，以及不能有效刻画非线性特征，提出将多信息性、动态性和非线性等特征进行融合，构建及应用多维动态金融状况指数。这些阶段的显著特征使金融状况指数具有上述多种特征组合的综合特征。目前，国内外学者在构建及应用多维动态金融状况指数时，主要使用了混合创新时变系数随机方差 VAR（MI - TVP - SV - VAR）模型、因子增广平滑转换（Factor Augmented Smooth transition Auto-regressive，FASTVAR）模型等方法。鉴于这是最前沿的研究领域，研究文献非常少，因此本书把国外和国内文献放在一起综述。

Galvão 和 Owyang（2013）使用因子增广平滑转换向量自回归（FAST – VAR）模型，根据 1981 年 9 月至 2012 年 9 月的月度数据，选择了包括水平和波动指标在内的多个指标，非线性构建了美国的 FCI，发现 FCI 可以作为美国通货膨胀和产出的良好预测指标。

周德才、冯婷和邓姝姝（2015）鉴于目前研究缺乏灵活动态性，从通胀控制目标出发，引进 MI – TVP – SV – VAR 模型，选取 5 个金融变量，估计其每一期的灵活动态权重，构建中国灵活动态金融状况指数，并分析它对通胀率的预测能力。经验分析结果表明，利率和房价的权重相对较大，反映出货币政策依然倚重于价格型传导渠道；FCI 与通货膨胀有很高的相关性，且领先通胀 1 ~ 7 个月，能够很好地预测通胀。建议政府机构定期构建中国灵活动态金融状况指数并将其应用于通货膨胀预测。

肖强和白仲林（2015）针对利率、汇率、股票价格和房地产价格等 11 个金融变量，利用动态因子模型得到共同金融因子，然后基于 VAR 模型构建了中国金融状况指数（FCI）；并且以 FCI 作为转移变量，建立了包含 FCI、产出和价格的因子扩展的 logistic 平滑转移向量自回归（FALSTVAR）模型，分析 FCI 对宏观经济变量冲击响应对金融状况变迁的依赖性。实证结果表明，在不同金融状况下，FCI 代表的金融市场对产出和价格的影响具有非对称性。在金融状况较好情形下，FCI 对产出具有显著的正向冲击效应；而在金融状况恶化的情形下，FCI 对产出具有显著负的即有害的影响。

肖强和司颖华（2015）首先选取中国多个金融变量，利用动态因子模型提取其共同因子，并对这些因子基于总需求方程缩减式构建了中国金融状况指数（FCI）。其次，基于互谱分析，从频域角度测度了 FCI 与产出和价格的关联性。最后，以 FCI 作为转移变量，建立了包含 FCI、产出和价格的因子扩展的 logistic 平滑转移向量自回归（FALST-VAR）模型，基于不同金融状况视角，分析了金融状况指数代表的金融市场对产出和价格影响的非对称性。实证结果表明：第一，金融状况指数不仅与宏观经济具有相同的主周期，而且领先于产出和价格的变动；第二，在金融市场运行良好情形下，金融市场发展能有效地促进实体经济的增长，而在金融市场状况恶化情形下，金融市场会严重阻碍实体经济的增长。

周德才、邓姝姝、朱志亮和徐玮（2017）为了综合系统地反映能源对通胀的影响，借鉴金融状况指数方法，该文构建了能源价格状况指数（EPCI），首先通过内生能源价格，建立拓展的新凯恩斯混合菲利普斯曲线，将其作为数理模型基础，其次使用 MS – FAVAR 模型，选择国内外原油价格、国内煤炭价格和国外煤炭价格 3 个公因子 10 个能源价格状况变量，测算了中国 EPCI，并分析了它与通胀（PPI）的关系。结果表明，EPCI 对 PPI 有较好的先导作用和预期效果，该文还提出了定期构建中国能源价格状况指数的政策建议。

2.5　国内外金融状况指数文献评价

综上所述，国外学者主要在金融状况指数的机制模型、编制方法及测度和应用等方面做了大量的开创性工作，而国内学者在拓展金融状况指数反映的金融要素状况指标以及应用领域等方面做出了独特的贡献，但国内外学者构建的标准 MCI 和 FCI 都不同程度存在欠缺灵活动态性等问题。具体来说，上述有关金融状况指数的研究或多或少存在以下一些问题。

第一，国内外学者在测度标准金融状况指数时主要使用了静态方法或者简单动态方法，考虑到中国长期处于全面改革开放和转型升级所引致的金融和经济的多种结构变化中，显然需要构建能够刻画多种结构变化的灵活动态编制方法，灵活动态测度中国灵活动态金融状况指数。这样可以有效解决标准金融状况指数存在的缺乏灵活动态性等问题。

第二，一般事先人为假定构建 FCI 的模型系数及权重的演进方式是静态的或者简单动态的，而事实上是灵活动态的，也就是说这种灵活的演进机制不是由人为事先决定的，而是由数据本身的特点决定的，从样本数据中估计出来的。

第三，因为事先进行金融、经济变量之间关系的假定，所以无法灵活动态刻画各种各样不同的情况，从而不能通过灵活动态演进机制加强对全局的把握。

第四，过度参数化的缺陷。考虑到中国现在正处于全面深化改革的发展阶段，金融、经济状况正处于"新常态"，并且从"老常态"向"新常态"的结构变化不像平滑转换模型描述的那样一蹴而就，也不像简单动态模型描述的那样一直在连续发生着结构变化，而实际情况是金融和经济的结构变化是时断时续的，具有随机性。

因此，本书借鉴 Koop，Leon-Gonzalez 和 Strachan（2009）提出的 MI - TVP - SV - VAR 模型，构建了中国灵活动态金融状况指数，并将之应用于通货膨胀的预测研究。

第3章 构建 MI – TVP – SV – VAR 模型

本章是在罗毅丹（2010）的博士学位论文《灵活的非线性时间序列模型及应用研究》和闫彬彬（2013）的博士学位论文《符号约束的 TVP – VAR 模型及我国信贷供求冲击的研究》的基础上进行总结融合产生的，由于方法是通用的，因此，本章与两篇博士学位论文有一定程度的重复在所难免。

3.1 MI – TVP – SV – VAR 模型产生的背景

3.1.1 金融和经济背景

最近 30 多年来，国内外的学者越来越重视使用计量经济模型对金融和经济理论进行实证检验，特别是对构建的各类金融相关指数进行实证分析。在这些对两个和两个以上金融经济变量关系进行实证分析的研究中，绝大部分所采用的模型和方法是向量自回归模型（VAR 模型）、回归分析方法（OLS 方法）等经典的线性模型和方法，而应用这些经典的线性模型和方法的前提条件是金融和经济变量没有发生结构变化。但事实上，多年来中国经济发展一直处于工业化、城镇化、现代化、国际化和全球化"经济五化"的全面变迁中，中国金融发展也一直处于经济金融化、金融自由化和市场化、金融国际化和全球化、互联网金融化"金融四化"导致的金融结构变迁重叠推进的过程中。目前中国经济正处于增长速度换挡期、结构调整阵痛期、前期刺激政策消化期叠加的阶段，在这样一种金融和经济环境急剧变化的大背景下，中国金融与经济间的互动关系以及外部随机扰动因素都将更有可能产生结构变化而不是维持某种确定的数量关系。如果使用 VAR 模型和 OLS 方法等线性模型和方法对中国金融与经济的相关关系进行分析，那么很可能导致模型误设。由此可见，经典的线性模型和方法已经不能满足中国金融和经济相关关系的实证研究的需要，我们需要应用能够刻画金融和经济变量结构变化的非线性模型，以对中国金融与经济的相关关系进行实证研究。

3.1.2　灵活的非线性模型和方法产生背景

针对经典线性模型和方法的缺陷，国内外学者也陆续开发了许多刻画金融和经济结构性变化的非线性模型和方法，并进行了实证分析应用。这些非线性模型和方法主要经历了以下两个发展阶段。

（1）普通非线性模型和方法发展阶段

在国内外金融和经济问题的实证研究中，虽然经典的线性回归模型和方法仍然占据主流，但是非线性模型和方法也开始在国内外学者的学术研究中越来越密集地被使用。通过梳理近一些年来国内外有关金融和经济实证研究的主要文献我们可以发现，国内外学者应用的非线性时间序列模型和方法主要集中在以下几个模型和方法中，本书分两类进行介绍。

①普通的非线性单方程模型和方法。这些模型和方法主要包括：结构变化模型（Structure Break Model，SBM 模型），门限自回归模型（Threshold Autoregression Model，TAR 模型），平滑转移自回归模型（Smooth Transition Autoregression，STAR 模型），马尔科夫机制转换模型（Markov Switching Model，MS 模型）以及时变系数模型（Time-Varying Parameter Model，TVP 模型）。这些模型能够描述经济变量间的动态变化关系。

②普通的非线性向量自回归模型和方法。这些模型和方法主要包

括：马尔科夫机制转换向量自回归模型（Markov Switching Vector Autoregression Model，MS - VAR 模型），门限向量自回归模型（Threshold Vector Autoregression Model，TVAR 模型），时变系数向量自回归模型（Time-Varying Parameter Vector Autoregression Model，TVP - VAR 模型），平滑转移向量自回归模型（Smooth Transition Vector Autoregression Model，ST - VAR 模型）等。

这个阶段属于普通的非线性模型和方法发展阶段，因此，其显著特征是对非线性转换机制事先进行人为设定，不具有灵活性。这些非线性单向方程模型和方法无法展现多变量之间的相互作用，因而在使用上受到限制；同时这些非线性向量自回归模型和方法也主要把研究重点放在非线性的过渡——转换机制上，缺少对全局的把握。

（2）灵活的非线性模型和方法发展阶段

虽然国内外学者已经开始大量使用上述非线性模型和方法取代线性模型和方法来研究金融与经济的相关关系，但是他们在应用这些非线性模型和方法的时候往往也需要对模型中包括系数和波动率在内的各种参数的具体演化机制进行事先的人为的设定，这同样使这些模型存在误设的问题。正是基于这种考虑，国内外一些学者试图研究一些灵活的非线性模型和方法，使其能够改进普通的非线性时间序列模型和方法。所谓灵活的非线性模型和方法需要具备两个重要的特征。第一，能够减少模型设定的主观随意性。这意味着在灵活的非线性模型和方法中不能对参数的演进机制做出人为设定，需要从数据中估计出参数的演进机制。第二，具备高度的容纳性，能够容纳各种已存的非线性模型。具体可见 Hamilton（1994、2001），Lundbergh，Teräsvirta 和 Van Dijk（2003），Rahbek 和 Shephard（2002），以及 Giordani，Kohn 和 van Dijk（2007）等。这些早期的灵活的非线性模型减少了非线性模型中参数演进机制的主观设定程度，也具备一定的容纳性，然而这些灵活的非线性模型仍然不够灵活，它们分别仅能容纳非线性模型的某几种而不是全部。在这种背景下，最近几年，Koop 和 Potter（2007），Koop，Leon-Gonzalez 和

Strachan（2009）分别针对单方程模型与向量自回归模型提出了两种极为灵活的非线性模型，其不仅能够容纳目前出现的所有非线性模型，而且能够对参数演进机制中的渐进变化、突然变化、不变等各种情形进行全面系统的刻画，其代表性模型是混合创新的时变系数和随机方差向量自回归（MI – TVP – SV – VAR）模型，这个模型也是本书实证研究所使用的模型。另外，Koop，Leon-Gonzalez 和 Strachan（2009），罗毅丹（2010）等所开发的灵活的非线性模型建立在标准的状态空间的模型框架内，这使成熟的参数估计的技术能够被应用，保证了其模型在实际应用中的可行性。这标志着灵活的非线性模型和方法发展到成熟阶段。

这个阶段属于灵活的非线性模型和方法发展阶段，因此，其显著特征是非线性演进机制具有灵活性，也就是说，这种灵活的演进机制不是由人为事先决定的，而是由数据本身的特点决定的。因此，这些模型和方法不仅能够深入刻画金融、经济变量之间的动态关系，而且能够通过灵活动态演进机制加强对全局的把握。

3.1.3　国内金融状况指数实证分析研究背景

目前国内有关金融状况指数的实证研究中，除了笔者外，还没有用到成熟的灵活的非线性模型的。从理论上讲，由于中国一直以来面临上述各种"金融四化"和"经济五化"等错综复杂的局面，现有货币政策传导机制理论很难对各种金融影响经济现象做出准确合理的解释，因此，我们在根据某种货币政策理论对参数演进的机制进行人为假设，将其应用到某种具体的非线性模型的时候，更有可能犯模型误设的错误；从实践上讲，随着时间的推移，中国金融和经济的体制、结构、政策偏好和技术等方面的因素也都不断发生变化，模型参数也会随之改变，传统的 VAR 模型和 OLS 方法等经典的模型和方法显然不能刻画这种动态特征。

综上所述，自 1978 年以来，中国渐进式的改革开放实践必然会给中国的宏观金融和经济数据带来大量的结构变化。毫无疑问，普通的非线性单方程模型和早期的灵活的非线性 VAR 模型无法全面有效捕捉这种金融和经济的结构变化，从而可能导致由这些模型和方法得出的结论在某种程度上偏离金融和经济的实际。因此，中国金融状况指数实证研究需要体现让数据说话的精神，更需要成熟的灵活的非线性 VAR 模型，从而使用该模型对中国货币政策特别是金融状况指数研究进行全面而详尽的论述，这具有较强的理论和实际意义。

3.2　MI–TVP–SV–VAR 模型的发展脉络

混合创新的时变系数和随机方差的向量自回归模型（MI–TVP–SV–VAR 模型）从多个方面突破了传统的向量自回归模型（VAR 模型）的非灵活、非时变等局限，使灵活的非线性模型逐步进入成熟阶段。MI–TVP–SV–VAR 模型对传统的向量自回归模型（VAR 模型）的突破主要表现在以下几个方面。首先，MI–TVP–SV–VAR 模型将传统 VAR 模型的固定待估参数突破为时变、随机的待估参数。这不仅包括将向量自回归系数从固定的改变为时变的，而且还将各个向量自回归方程的误差项的协方差从固定的改变为随机的。其次，MI–TVP–SV–VAR 模型将传统的时变系数和随机方差的向量自回归模型（TVP–SV–VAR 模型）待估参数的时变、随机的演进机制从事先人为设定改为利用混合创新方法（Mixture Innovation，MI）从数据中估计出来。这不仅将 TVP–SV–VAR 模型中的向量自回归系数是否应该具有时变特征的演进机制由原来的事先人为设定改为利用混合创新方法（MI）由样本数据自身决定，而且还将各个向量自回归方程的误差项协方差是否应该具有随机特征的演进机制由原来的事先人为设定改为利用混合创新方法（MI）由样本数据自身决定。再次，MI–TVP–SV–VAR 模型具有高度的容纳性，不仅能容纳传统的向量自回归模型（如 VAR 模型），而且能容纳各种扩展的非线性向量自回归模型（如 TVP–SV–VAR 模型）。这样使 VAR 模型、MS–VAR 模型、TVAR 模型、STVAR

模型、TVP – VAR 模型、TVP – SV – VAR 模型等各种线性和非线性向量自回归模型成为 MI – TVP – SV – VAR 模型的特例。下面对 MI – TVP – SV – VAR 模型的发展脉络进行简要介绍。

3.2.1　传统的向量自回归模型

向量自回归模型（Vector Autoregression Model，VAR 模型）是一种常用的计量经济模型，由计量经济学家和宏观经济学家 Sims（1980）首次引入经济学中，推动了经济系统动态相关性的实证分析的广泛应用。它扩充了只能使用一个变量的自回归模型（AR 模型），可容纳大于 1 个变量，即将单变量自回归模型扩展到由多元时间序列变量组成的"向量"自回归模型，因此，其经常被用在多变量时间序列模型的分析上。VAR 模型用模型中所有当期变量对所有变量的若干滞后变量进行回归，以估计联合内生变量的动态关系，而不附带任何事先约束条件。VAR 模型是处理多个相关经济指标的分析与预测最容易操作的模型之一，并且在一定的条件下，多元 MA 模型和 ARMA 模型也可转化成 VAR 模型，因此近年来 VAR 模型受到越来越多经济工作者的重视。现在，传统的 VAR 模型成为现代宏观实证研究中的一种主流方法。

（1）简化形式的向量自回归模型（VAR 模型）

VAR（p）模型的基本思想可用如下的式子表达为：

$$y_t = F_0 + F_1 y_{t-1} + F_2 y_{t-2} + \cdots + F_p y_{t-p} + \mu_t, t = 1, 2, \cdots, T \qquad (3.1)$$

其中，y_t 是 $n \times 1$ 维向量；F_0 是 $n \times 1$ 维常数向量；p 是滞后阶数；T 是样本个数；矩阵 $F = [F_0, F_1, F_2, \cdots, F_p]$ 是 $n \times k$ 维的待估计的系数矩阵；k 是被解释变量的滞后值以及截距项的总计数，$k = n + n^2 \cdot p$；μ_t 是 $n \times 1$ 维随机扰动向量，具有相互独立且服从正态分布的性质，即服从 $\mu_t \sim N（0, G）$，也就是说，μ_t 既不与自己的滞后值相关，也不与等式右边的变量相关。当 μ_t 相互之间的同期不相关时，式（3.1）为 VAR 模型的简化形式。此时，μ_t 的协方差矩阵为 $\sum \sum '$，是一个 $n \times n$ 的对角矩阵，也是一个正定矩阵。

如果行列式 $\det [A (L)]$ 根都在单位圆外，则式（3.1）满足可逆性条件，可以将其表示为无穷阶的 VMA（∞）形式：

$$y_t = C(L)\mu_t \qquad\qquad (3.2)$$

其中，$C (L) = F (L)^{-1}$，$C (L) = C_0 + C_1 L + C_2 L^2 + \cdots$，$C_0 = I_n$。

（2）结构形式向量自回归模型（SVAR 模型）

实际上，VAR 模型简化形式中的误差项 μ_t 中的各元素是可以同期相关的。如果我们在模型中考虑了 μ_t 中各元素的同期相关性，则实际上考虑了各内生变量之间的内生关系。此时简化的 VAR 模型就变成 SVAR 模型。那么 p 阶结构向量自回归模型 SVAR（p）的表达式为：

$$A y_t = F_0 + F_1 y_{t-1} + F_2 y_{t-2} + \cdots + F_p y_{t-p} + \mu_t \qquad (3.3)$$

其中，A 是 $n \times n$ 维矩阵，代表同期相关关系。其他与式（3.1）相同。

将 VAR 模型的结构形式，即 SVAR 模型写成诱导形式，如下：

$$y_t = A^{-1} F_0 + A^{-1} F_1 y_{t-1} + A^{-1} F_2 y_{t-2} + \cdots + A^{-1} F_p y_{t-p} + A^{-1}\mu_t \qquad (3.4)$$

记 $A^{-1} F_0 = X_0$，$A^{-1} F_1 = X_1$，$A^{-1} F_2 = X_2$，$\cdots$，$A^{-1} F_p = X_p$，$A^{-1}\mu_t = u_t$，式（3.4）简化为：

$$y_t = X_0 + X_1 y_{t-1} + X_2 y_{t-2} + \cdots + X_p y_{t-p} + u_t \qquad (3.5)$$

其中，$E (u_t) = 0$，$E (u_t u'_\tau) = \begin{cases} H, & t = \tau \\ 0, & t \neq \tau \end{cases}$，$H = A^{-1} \sum \sum' (A_t^{-1})'$。

同样可以将式（3.5）写成滞后算子形式：

$$y_t = D(L)u_t \qquad\qquad (3.6)$$

其中，$D (L) = B (L)^{-1}$，$D (L) = D_0 + D_1 L + D_2 L^2 + \cdots$，$D_0 = I_n$。

3.2.2　时变参数向量自回归模型

显然，传统的 VAR 模型，无论简化形式还是结构形式，实际上都假定 VAR 模型的向量自回归的系数以及相应的误差项的方差都是固定的，这种假定显然过于严格。为此，国内外许多学者通过对此假定进行放松得到各种扩展的 VAR 模型。这些扩展的 VAR 模型主要包括时变系数向量自回归（Time-Varying Parameter Vector Autoregression Model，TVP - VAR）模型，随机方差向量自回归（Vector Autoregression Model with Stochastic Volatility，SV - VAR）模型以及时变系数和随机方差向量自回归（Time-Varying Parameter Vector Autoregression Model with Stochastic Volatility，TVP - SV - VAR）模型［更详细的论述请参考沈悦、李善燊和马续涛（2012）］。

（1）时变系数向量自回归（TVP - VAR）模型

Lubik 和 Schorfheide（2004），Cogley 和 Sargent（2005），Cogley，Morozov 和 Sargent（2005），Boivin 和 Giannoni（2006）考虑到 VAR 系数的时变特征，将 VAR 模型扩展为时变参数的 VAR（TVP - VAR）。具体而言，可将 TVP - VAR 模型的具体形式刻画如下：

$$y_t = X_{0t} + X_{1t}y_{t-1} + X_{2t}y_{t-2} + \cdots + X_{pt}y_{t-p} + u_t \qquad (3.7)$$

其中，与式（3.1）一样，y_t 是 $n \times 1$ 维向量，n 是被解释变量的个数；p 是滞后阶数；T 是样本长度；矩阵 $X_t = [X_{0t}, X_{1t}, X_{2t}, \cdots, X_{pt}]'$ 是 $n \times k$ 维的待估计的系数矩阵；k 是被解释变量的滞后值以及截距项的总计数，$k = n + n^2 \cdot p$；u_t 是 $n \times 1$ 维随机扰动向量，具有相互独立且服从正态分布的性质，即服从 $u_t \sim N（0，H）$。但式（3.7）与式（3.5）不同的是，VAR 模型的待系数矩阵 $X_t = [X_{0t}, X_{1t}, X_{2t}, \cdots, X_{pt}]'$ 不是固定的，而是时变的。可用如下的方法对 $X_t = [X_{0t}, X_{1t}, X_{2t}, \cdots, X_{pt}]'$ 随时间变化的演化机制进行刻画。以第 i 个 $n \times n$ 维矩阵（X_{it}，$i = 0, 1, 2, \cdots, p$）为例，由于 X_{it} 是 $n \times n$ 维矩阵，可将其中的 n^2 个元素构成一个列向量，即 $X_{it} = [X_{11,it}, \cdots, X_{1n,it}, \cdots, X_{n1,it}, \cdots, X_{nn,it}]'$，那么 X_{it} 的演进机制可刻画为：

$$X_{it} = X_{it-1} + r_t v_{it}, \ i = 1, 2, \cdots, p \qquad (3.8)$$

其中，v_{it} 是 $n^2 \times 1$ 列向量，其各元素都服从正态分布，r_t 是标量，用来控制参数发生变化的信息，一般取 1。

需要注意的是，虽然 TVP – VAR 模型的向量自回归系数是时变的，但是 TVP – VAR 模型各个方程的误差项 u_t 的协方差是固定的，不是时变的。

Cogley 和 Sargent（2005）等人提出的 TVP – VAR 模型可以用向量状态空间模型的形式表述为：

$$y_t = Z_t X_t + u_t \tag{3.9}$$

$$X_t = X_{t-1} + R_t v_t \tag{3.10}$$

其中，式（3.9）是量测方程，可以看到，除了误差项的分布不一样外，其具备经典多元回归方程的标准形式；式（3.10）是状态方程，是 TVP – VAR 的基本模型设定，即一个系数随时间变化的 VAR 模型。y_t 是 $n \times 1$ 的向量，n 是被解释变量的个数。Z_t 是由解释变量组成的维度为 $n \times k$ 的矩阵，包含所有被解释变量的滞后值以及截距项，其总共的数目为 k。X_t 是 $k \times 1$ 的向量，表示 VAR 的系数。u_t 是相互独立的服从正态分布 N（0，H）的随机向量。v_t 是 $k \times 1$ 的向量，也是相互独立的服从正态分布 N（0，Q）的随机向量。R_t 是 $k \times k$ 的向量，用来控制参数发生变化的信息。在所有的时刻 t，我们设定 $R_t = 0$，即维度为 $k \times k$ 的零矩阵，那么就得到简化的不变参数 VAR 模型。如果我们设定 $R_t = I_t$，即维度为 $k \times k$ 的单位矩阵，那么就得到简化的 TVP – VAR 模型。

（2）随机方差向量自回归（SV – VAR）模型

Sims 和 Zha（2006）考虑到误差项协方差的时变性，将 VAR 模型扩展为带有随机方差的 VAR 模型（SV – VAR）。具体而言，可将 SV – VAR 模型的思想表述如下：

$$y_t = X_0 + X_1 y_{t-1} + X_2 y_{t-2} + \cdots + X_p y_{t-p} + u_t \tag{3.11}$$

其中，与式（3.1）一样，y_t 是 $n \times 1$ 维向量；X_0 是 $n \times 1$ 维常数向量；p 是滞后阶数；T 是样本个数；矩阵 $X = [X_0, X_1, X_2, \cdots, X_p]'$ 是 $n \times k$ 维的待估计的系数矩阵；k 是被解释变量的滞后值以及截距项的总计数，$k = n + n^2 \cdot p$；u_t 是 $n \times 1$ 维随机扰动向量，具有相互独立且服从正态分布的性质，服从 $u_t \sim N（0, H）$，也就是说，u_t 既不与自己的滞后值相关，也不与等式右边的变量相关。

需要注意的是，在 SV – VAR 模型中，向量自回归系数 $X = [X_0, X_1, X_2, \cdots, X_p]'$ 仍然被设定为常量，它们均为非时变的。另外，设 u_t 是 k 维随机扰动向量，在此处，假设 $\sum \sum'$ 是 u_t 的协方差矩阵，其维度为 $n \times n$。

另外也需要注意的是，在 SV – VAR 模型中，协方差矩阵 $\sum \sum'$ 将是时变的，可用如下的方法对 $\sum \sum'$ 随时间演化的机制进行表述。由于 $\sum \sum'$ 为 $n \times n$ 维矩阵，可将其中的 n^2 个元素构成一个列向量，设由 $\sum \sum'$ 中的 n^2 个元素构成的向量为 α，那么 $\lambda_t = [\sum \sum'_{11,t}, \cdots, \sum \sum'_{1n,t}, \cdots, \sum \sum'_{n1,t}, \cdots, \sum \sum'_{nn,t}]'$，$\lambda_t$ 的演进机制则可表述为：

$$\lambda_t = \lambda_{t-1} + \omega_t \tag{3.12}$$

其中，ω_t 为 $n^2 \times 1$ 维随机扰动向量，是列向量，其各元素都服从正态分布。

（3）时变系数和随机方差向量自回归（TVP – SV – VAR）模型

在 Cogley 和 Sargent（2005）等人提出的 TVP – VAR 模型中，虽然实现了向量自回归系数的时变性，但是为了估计方便，将向量自回归模型各个方程的随机误差项的协方差假定为恒定，这存在一定的局限性；在 Sims 和 Zha（2006）等人提出的 SV – VAR 模型中，虽然向量自回归模型各个方程的随机误差项的协方差是随机方差，但是为了估计方便，又将向量自回归系数假定为恒定的，这也存在较大的局限性。为了解决 TVP – VAR 模型和 SV – VAR 模型的各自局限性，Primiceri（2005）则同时实现了在 VAR 模型中向量自回归系数的时变性和各个方程误差项的协方差的随机方差性，将模型扩展为带有随机方差的时变参数形式（TVP – SV – VAR 模型），该方法曾被用于分析美国的货币政策传导机制的动态变动，并取得了十分满意的结果。

①Primiceri（2005）对 TVP – SV – VAR 模型的向量自回归系数遵循的向量状态空间模型进行了设定。这个设定与 TVP – VAR 模型的设定一样，即都设定向量自回归系数是随机的。具体表述如下：

$$y_t = Z_t X_t + u_t \tag{3.13}$$

$$X_t = X_{t-1} + R_t v_t \tag{3.14}$$

②Primiceri（2005）对 TVP – SV – VAR 模型的各个自回归方程的误差项的协方差遵循的向量状态空间模型进行了设定。这个设定与 SV – VAR 模型类似，但有一定的区别。类似的地方是 TVP – SV – VAR 模型和 SV – VAR 模型都设定向量自回归各个方程的误差项的协方差 H_t 是随机方差，区别的地方是 SV – VAR 模型对 H_t 没有进行分解，只设定一个演进机制，而 TVP – SV – VAR 模型对 H_t 进行了分解，设定了两个演进机制。Primiceri（2005）将 H_t 分解为下三角矩阵 A_t 和对角矩阵 $\sum_t$ 相乘的形式，其就是同期相关系数矩阵和方差矩阵的乘积，其表达式为：

$$H_t = A_t^{-1} \sum_t \sum_t {}'(A_t^{-1})' \tag{3.15}$$

其中，A_t 是下三角矩阵，其表达式：

$$A_t = \begin{bmatrix} 1 & 0 & \cdots & 0 \\ \alpha_{21,t} & 1 & \ddots & 0 \\ \vdots & \ddots & \ddots & 0 \\ \alpha_{n1,t} & \cdots & \alpha_{nn-1,t} & 1 \end{bmatrix}$$

其中，$\sum_t$ 是一个对角矩阵，其对角线上的元素表示为 $\sigma_{j,t}$，其中，$j = 1, 2, \cdots, n$，其表达式为：

$$\sum_t = \begin{bmatrix} \sigma_{1,t} & 0 & \cdots & 0 \\ 0 & \sigma_{2,t} & \ddots & 0 \\ \vdots & \ddots & \ddots & 0 \\ 0 & \cdots & 0 & \sigma_{n,t} \end{bmatrix}$$

如果设 $\gamma_t = A_t^{-1} \sum_t$，那么式（3.13）可以变形为：

$$y_t = Z_t X_t + \gamma_t \varepsilon_t \tag{3.16}$$

其中，ε_t 是相互独立的，服从正态分布 N（0，I_n），I_n 是维度为 $n \times n$ 的单位矩阵。式（3.16）实际上就是 SVAR 的表现形式。

由于误差项 u_t 的协方差矩阵 H_t 也可能是时变的，并最终由 A_t 和 $\sum_t$ 来决定，因此我们需要设定另外的状态等式来描述 $\sum_t$ 和 A_t 的演进机制。

首先，设定 A_t 的演化机制。为此，我们利用 A_t 中的非限定元素组成一个向量 α_t，且 $\alpha_t = （\alpha_{21,t}，\alpha_{31,t}，\alpha_{32,t}，\cdots，\alpha_{n(n-1),t}）$，其共有 n（$n-1$）/2 个元素。假设 α_t 的演进机制遵循如下的状态等式：

$$\alpha_t = \alpha_{t-1} + \varsigma_t \tag{3.17}$$

其中，ς_t 也不存在自相关并且服从正态分布 N（0，S），其与 u_t、V_t 都是不相关的。

其次，设定 $\sum_t$ 的演化机制。为此，将 $\sum_t$ 对角线上的元素 $\sigma_{1,t}$，$\sigma_{2,t}$，$\cdots$，$\sigma_{n,t}$ 组成一个向量 $\sigma_t = （\sigma_{1,t}，\sigma_{2,t}，\cdots，\sigma_{n,t}）'$。设向量 $h_t = （h_{1t}，h_{2t}，\cdots，h_{nt}）'$，其中的每一个元素 $h_{i,t} = \ln（\sigma_{i,t}）$。假设 h_t 的演进机制遵循如下的状态等式：

$$h_t = h_{t-1} + \eta_t \tag{3.18}$$

其中，η_t 也不存在自相关并且服从正态分布 N（0，W），其与 u_t，v_t，ς_t 都是不相关的。

综合式（3.13）到式（3.18）并设式（3.14）中的 $R_t = I_n$，就构成了 TVP – SV – VAR 模型。

（4）混合创新时变系数和随机方差向量自回归（MI – TVP – SV – VAR）模型

虽然 TVP – SV – VAR 模型通过放松多个 VAR 模型的假定变得越来越完善，但仍然存在自身的局限性。VAR 模型人为假定其参数结构变化在每个时期都会发生，这通常会导致最终估计出的状态等式中的误差协方差矩阵偏小，并使各个状态值之间比较接近。因此如果参数的演进机制为渐近的时候，那么 TVP – SV – VAR 模型表现良好。然而参数的演进机制也有可能是陡峭和突然的，如许多文献就提到过参数变化的次数少但变化程度大的情形，这种情形下 TVP – SV – VAR 模型事先对各种参数的演进机制进行设定显然会导致估计的偏差（Kim，Shephard 和 Chib，1998；Maheu 和 Gordon，2007；Pastor 和 Stambaugh，2001；Pesaran 和 Timmermann，2007）。

为了克服上述问题，Koop，Leon-Gonzalez 和 Strachan（2009）在 Gerlach，Carter 和 Kohn（2000）以及 Giordani 和 Kohn（2006）的研究基础上，提出了混合创新时变系数和随机方差向量自回归模型（MI – TVP – SV – VAR 模型）。MI – TVP – SV – VAR 模型不必人为设定参数变化的模式，即不事先设定参数是渐近变化的还是突然变化的，而是从数据中估计参数变化的具体模式，这减少了过度参数化的问题。该模型允许 VAR 系数与与误差项的协方差相关的参数按照不同的方式演进。这些更加体现了计量经济学所倡导的"让数据说话"的思想。利用这种方法，Baumeister，Durinck 和 Peersman（2008）研究了欧盟区的流动性对资产价格与通货膨胀的动态冲击效果，发现其对现实的解释力极强。

在 MI – TVP – SV – VAR 模型中，参数是否发生结构变化由向量 $K = (K_1, K_2, \cdots)$ 来控制。也就是说，MI – TVP – SV – VAR 模型与 TVP – SV – VAR 模型一样，事先设定向量自回归系数 X_t 以及量测方程等式中的误差项的协方差矩阵（H_t）可能会发生结构变化，即采用类似参数演进机制，但是否实际发生结构变化，则由样本数据本身估计出

的 $K = （K_1, K_2, \cdots）$ 来决定，即决定参数演进机制的形式。由于 $H_t = A_t^{-1}\sum_t\sum_t'（A_t^{-1}）'$，MI－TVP－SV－VAR 模型需要决定演进机制的参数包括向量自回归系数 X_t、各回归方程的误差项的协方差矩阵的实际参数 $\sum_t$ 和 A_t。设向量 $K_t = （K_{1t}, K_{2t}, K_{3t}）$，$t = 1, 2, \cdots, T$，其中 $K_{1t} \in \{0, 1\}$ 控制着系数 X_t 的变化，$K_{2t} \in \{0, 1\}$ 控制着参数 $\sum_t$ 的变化，$K_{3t} \in \{0, 1\}$ 控制着参数 A_t 的变化。具体表述如下。

①在 MI－TVP－SV－VAR 模型中，量测方程的向量自回归系数 X_t 的演进机制的具体形式表述如下：

$$y_t = Z_t X_t + u_t \tag{3.19}$$

$$X_t = X_{t-1} + K_{1t} v_t \tag{3.20}$$

其中，除了 K_{1t} 外，上述模型的符号意义与 TVP－VAR 模型完全一样，这里不再赘述了，各符号的具体含义参见式（3.9）和式（3.10）。

这两个等式是 TVP－VAR 模型的扩展，即对 TVP－VAR 模型中向量量测方程的向量自回归系数 X_t 的演进机制进行了扩展，我们设 $R_t = K_{1t}$，其他不变，就得到了 MI－TVP－SV－VAR 模型的系数 X_t 的演进机制的具体形式。这意味着当 $K_{1t} = 0$ 时，MI－TVP－SV－VAR 模型的向量自回归系数 X_t 保持不变；当 $K_{1t} = 1$ 时，MI－TVP－SV－VAR 模型系数 X_t 发生结构变化。

②在 MI－TVP－SV－VAR 模型中，向量量测方程的误差项的协方差矩阵实际参数 $\sum_t$ 和 A_t 的演进机制的具体形式表述如下：

$$h_t = h_{t-1} + K_{2t} \xi_t \tag{3.21}$$

$$\alpha_t = \alpha_{t-1} + K_{3t} \varsigma_t \tag{3.22}$$

其中，除了 K_{2t}、K_{3t} 外，上述模型的符号意义与 TVP－SV－VAR 模型完全一样，这里不再赘述了，各符号的具体含义参见式（3.17）和式（3.18）。

这两个等式是 TVP－SV－VAR 模型的扩展，即对 TVP－SV－VAR

模型中向量量测方程的误差项的协方差矩阵实际参数 $\sum_t$ 和 A_t 的演进机制进行了扩展，我们在 TVP – SV – VAR 模型的两个向量状态方程的误差项的前面分别乘以了 K_{2t}、K_{3t}，其他不变，就得到了 MI – TVP – SV – VAR 模型向量量测方程的误差项的协方差矩阵实际参数 $\sum_t$ 和 A_t 的演进机制的具体形式。这意味着当 $K_{2t} = 0$ 时，MI – TVP – SV – VAR 模型的实际参数 $\sum_t$ 保持不变；当 $K_{2t} = 1$ 时，MI – TVP – SV – VAR 模型的实际参数 $\sum_t$ 发生结构变化；当 $K_{3t} = 0$ 时，MI – TVP – SV – VAR 模型的实际参数 A_t 保持不变；当 $K_{3t} = 1$ 时，MI – TVP – SV – VAR 模型的实际参数 A_t 发生结构变化。

③我们综合式（3.19）、式（3.20）、式（3.21）、式（3.22）则得到了 MI – TVP – SV – VAR 模型。

④为了完成 MI – TVP – SV – VAR 模型的设定，考虑 K 的先验分布设定。我们令 K_{jt}（$j = 1$，2，3）的各元素服从 Beta 分布，具体如下：

$$p(K_{jt} = 1) = p_j \qquad (3.23)$$

其中，p_j（$j = 1$，2，3）是在时刻 t 结构变化可能发生的概率（$j = 1$，2，3 分别与 X_t、$\sum_t$ 和 A_t 相对应）。需要特别说明，MI – TVP – SV – VAR 模型只是对 K_{jt}、p_j 服从的先验分布进行了事先人为的设定，但它们本身是未知参数，其具体数值需要从样本数据中估计得出。在本书中，我们假定 X_t、$\sum_t$ 和 A_t 的结构变化是相互独立的，这也就意味着 K_{1t}、K_{2t}、K_{3t} 的取值也是相互独立的。

3.3　MI – TVP – SV – VAR 模型参数估计框架和算法介绍

本书的研究目标是基于 MI – TVP – SV – VAR 模型对金融与经济动态关系进行参数估计，即对式（3.19）、式（3.20）、式（3.21）、式（3.22）综合构建的模型进行参数估计。由于对 MI – TVP – SV – VAR

模型直接进行参数估计存在一定的困难，我们有必要说明这个模型参数估计的框架和算法。本书对 MI – TVP – SV – VAR 模型的参数估计，需要借助状态空间模型框架下的卡尔曼滤波方法以及贝叶斯计量经济学参数估计框架下的马尔科夫链蒙特卡罗方法（MCMC）。MI – TVP – SV – VAR 模型借助状态空间模型，就可以为普通 VAR 模型的参数引入时变特征，将模型系数和波动参数看作状态空间模型的潜变量（也就是状态变量），因此，该模型参数的估计，就是要通过基于状态空间模型的卡尔曼滤波方法估计各状态变量的值；同时 MI – TVP – SV – VAR 模型借助贝叶斯计量经济学，就可以为普通 VAR 模型的参数引入混合创新的特征，将模型系数和波动参数看作贝叶斯计量经济学的非线性变量，因此，该模型参数的估计，就是要通过基于贝叶斯计量经济学的马尔科夫链蒙特卡罗方法（MCMC）估计各个变量的值。总而言之，本书估计的 MI – TVP – SV – VAR 模型由于同时引入了时变特征和混合创新特征，需要将基于状态空间模型的卡尔曼滤波方法和基于贝叶斯计量经济学的马尔科夫链蒙特卡罗方法（MCMC）结合起来实现模型的估计。因此，本书首先介绍了贝叶斯计量经济学的基础知识，以及在这个框架下的马尔科夫链蒙特卡罗方法（MCMC），及其两个主要算法——吉布斯抽样（Gibbs Sampling）和 MH 算法；接着介绍了状态空间模型，及其算法卡尔曼滤波方法。在这个基础上，本书在接下来的第 3.4、3.5、3.6、3.7 节再对 MI – TVP – SV – VAR 模型的参数估计进行抽样过程介绍和实证分析。

3.3.1　贝叶斯计量经济学

贝叶斯计量经济学最早是由贝叶斯（Bayes）在 1763 年发表的论文《论有关机遇问题的求解》中提出来的，是数理统计的一个重要分支，直到 20 世纪五六十年代才被一些统计学家发展成一个有影响力的学派（转引自孙瑞博，2007）。20 世纪 50 年代，以 H. Robbins 为代表提出了在计量经济学模型估计中将经验贝叶斯方法与经典方法相结合，这引起了广泛的重视，得到了广泛的应用（转引自李子奈和叶阿忠，2012）。最近30年以来，随着计算机的快速发展和普及，国外贝叶斯计量经济学的研究日益深入，发展极为迅速，被越来越广泛地应用到社会经济等各个领域。贝叶斯计量经济学参数估计对经典计量经济学模型估计方法的扩展在于，它不仅利用样本信息，还利用非样本信息。

（1）贝叶斯计量经济学产生的背景

学者们研究发现在经典计量经济学中使用最广泛的最小二乘、广义矩估计、极大似然方法等经典方法在多年的发展和应用中逐渐暴露出一些问题和缺陷，并逐渐发现贝叶斯方法在不少方面比经典方法更合理，更具优势。在经典计量经济学模型中的这些经典方法的一个共同特征是，在模型估计中只利用样本信息和关于总体分布的先验信息，而关于总体分布的先验信息仍然需要通过样本信息的检验，所以说到底还是样本信息。由于模型估计依赖样本信息，这就要求样本信息足够多，因此，这些估计只有在大样本情况下才具有一定的优良性质。但是在许多实际应用研究中，人们无法重复大量的实验以得到大量的观测结果，只能得到少量的观测结果。在小样本情况下，最小二乘估计、最大似然估计和广义矩估计不再具有优良性质。在这种情况下，学者们不得不寻求小样本情况下的优良估计方法，贝叶斯计量经济学参数估计方法就这样应运而生。

（2）贝叶斯计量经济学参数估计的基本思路

贝叶斯计量经济学参数估计是先验信息和后验信息相结合的综合估计。贝叶斯方法的基本思路是：假定要估计的模型参数是服从一定分布的随机变量，根据经验给出待估参数的先验分布（也称为主观分布），关于这些先验分布的信息被称为先验信息；然后根据这些先验信息，并与样本信息相结合，应用贝叶斯定理求出待估参数的后验分布；再应用损失函数，得出后验分布的一些特征值，并把它们作为待估参数的估计量。贝叶斯计量经济学参数估计的步骤为：首先，建立模型的先验信息；其次，估计模型的各期参数；最后，计算模型的脉冲响应函数值。

（3）贝叶斯计量经济学参数估计的先验信息设置

贝叶斯计量经济学在进行参数估计之前必须首先给需要估计的参数设定先验信息。这些参数的先验信息提供了 MCMC 进行迭代的初始值。先验信息是对参数初始分布的认识，包括基于数据的先验信息和非基于数据的先验信息。其中基于数据的先验信息由过去的样本生成，它主要反映过去的信息。而非基于数据的先验信息通常指源于数据以外的不同资料获得的信息，既包括经济理论给出的分析结论，也包括源于实际生活的主观观察。先验信息的选取取决于研究的需要，若既无法从过去的数据中得到信息，又无现实的经验，就可以使用扩散的先验信息。贝叶斯先验信息以概率分布函数的形式出现，既包含分布函数的形态，又包括分布函数参数。对于常规的概率分布函数，一阶矩和二阶矩是重要的分布参数，二阶矩越小，说明先验信息关于数据的认识越确定。先验信息将在估计中被数据修正，不同的先验信息，通过 MCMC 算法不断的迭代，在达到稳态后，分布应该相同。但不恰当的先验信息可能使迭代的速度变慢，甚至收敛到局部的空间上。因而选取适当的先验信息是建模后的第一步。此外，MI – TVP – SV – VAR 模型参数众多，参数演进过程采取结合混合创新的随机游走形式，较紧的先验约束可以避免参数过度捕捉结构变动的特征。为获取 MI – TVP – SV – VAR 模型的先验信息，应参照 Primiceri（2005）等的做法，选取一段时间的样本作为训练样本，根据这部分样本进行初步计算，得出的数据可作为参数的先验信息和初值，无法通过此途径获得的部分参数，则通过经验判断取值［关于这部分的详细研究可以参见闫彬彬（2013）博士学位论文《符号约束的 TVP – VAR 模型及我国信贷供求冲击的研究》］。

（4）贝叶斯计量经济学参数估计的具体步骤

假设某个模型需要估计的参数为 θ，目前可用的全部数据信息为 y，贝叶斯计量经济学认为模型估计参数 θ 的关键在于得到参数 θ 的后验分布函数，具体表述如下：

$$P(\theta|y) = \frac{P(y|\theta)P(\theta)}{P(y)} \tag{3.24}$$

其中，$P(\theta|y)$ 是后验分布函数，$P(y|\theta)$ 是 y 的似然函数，$P(\theta)$ 是 θ 的先验分布函数，$P(y)$ 是 y 的先验概率，它是一个与 θ 无关的常数。根据式（3.24）可以得到：

$$P(\theta|y) \propto P(y|\theta)P(\theta) \tag{3.25}$$

根据式（3.25）近似地估算出参数 θ 的后验分布函数 $P(\theta|y)$，接着基于 $P(\theta|y)$ 实现对 θ 的抽样。假设根据 $P(\theta|y)$ 所抽取的参数 θ 的有效样本是 θ^1，θ^2，$\cdots$，θ^m，其中 m 是样本容量。那么 θ 的点估计量是：

$$\dot{\theta} = \frac{\sum_{i=1}^{m} \theta^i}{m} \tag{3.26}$$

当 θ 为标量的时候，上述过程的实现是非常容易的。然而当 θ 为向量，特别是维度较高的向量时，我们往往无法直接从后验分布 $P(\theta|y)$ 抽取向量 θ，此时就需要用到 MCMC 方法（贝叶斯计量经济学的详细介绍参见李子奈和叶阿忠 2012 年的著作《高级应用计量经济学》）。

（5）贝叶斯计量经济学参数估计存在的困难

从理论上讲，贝叶斯计量经济学参数估计是非常容易操作和实现的，也就是说，对于任何一个已知的先验分布，我们只需要计算所需的后验分布的性质，主要是计算后验分布的矩（主要包括后验均值、后验方差等）和后验概率密度函数，而这本质上就是计算某一后验分布函数的高维积分。但在金融和经济的经验研究中，大家发现刻画这些金融和经济关系的未知参数的后验分布多为高维、复杂、非常见的分布，对这些高维积分进行计算十分困难，这使贝叶斯推断方法在金融和经济的经验研究中遇到很大的困难。在很长一段时间里，贝叶斯推断主要用于处理简单的、低维的问题，以避免计算上的困难。

3.3.2　马尔科夫链蒙特卡罗方法

马尔科夫链蒙特卡罗 （Markov Chain Monte Carlo，MCMC）方法突破了贝叶斯计量经济学在参数估计过程中存在的上述困难，它主要是通过模拟的方式对高维积分进行计算，进而使原本异常复杂的高维积分计算问题迎刃而解，使贝叶斯方法不仅适用于解决简单的、低维的问题，而且还适用于解决高维的、复杂的问题。马尔科夫链蒙特卡罗 （MCMC）方法主要是为了解决有些贝叶斯计量经济学估计参数的期望 $E\left[f\left(\theta|y\right)\right]$ 和方差协方差 $VAR\left[f\left(\theta|y\right)\right]$ 不能直接计算得到的问题，其中 θ 是要估计的参数，y 是数据观察值。

（1）马尔科夫链蒙特卡罗方法的基本介绍

马尔科夫链蒙特卡罗 （MCMC）方法产生于 19 世纪 50 年代早期，是在贝叶斯计量经济学框架下，对所需要解决的对象进行一种计算模拟——蒙特卡罗模拟 （Monte Carlo，MC）。但这里不是一种简单的蒙特卡罗模拟，而是将马尔科夫链 （Markov Chain，MC）引入蒙特卡罗模拟中，从而实现了抽样分布随模拟的不断进行而不断改变的动态模拟，这弥补了传统的蒙特卡罗方法只能进行静态模拟的缺陷，是近年来应用最为广泛的统计方法之一。

马尔科夫链蒙特卡罗 （MCMC）方法是利用贝叶斯统计思想进行参数估计的一种具体方法。这种方法虽然早在 19 世纪 50 年代就产生了，但由于其实现过程中计算量极其巨大，再加上早期计算成本高昂，因而该方法一直没有得到广泛的应用。然而随着现代计算机技术的快速发展，巨额计算量的成本变得非常低廉，这导致近年来该方法得到了极为快速的发展。当模型中参数过多，且用普通的最小二乘法和极大似然估计方法无法进行参数估计的时候，MCMC 方法可以充分发挥现代计算机高速运算的性能，对多个参数进行可行而有效的估计。利用 MCMC 方法进行参数估计主要包括两个步骤：第一步是计算待估参数的后验分布，第二步是根据待估参数的后验分布进行抽样。在待估参数很多的时候，很难直接对待估参数进行抽样。因此在实际应用 MCMC 方法的时候，通常会用到吉布斯抽样（Gibbs Sampling）和 Metropolis-Hastings（MH）算法这两种算法，接下来简单介绍这两种算法。

（2）吉布斯抽样

①吉布斯抽样的基本思路。吉布斯抽样（Gibbs Sampling）是 MCMC 方法的主要算法之一，其基本思想就是首先计算各个参数的条件后验分布，然后利用各个参数的条件后验分布进行抽样。当条件不断改变时，利用条件后验分布所抽取的样本值，就形成了抽样分布，这个分布实际上能够逼近参数的无条件后验分布。对各参数实际抽取的样本值求均值即可实现对各个参数的点估计。我们用如下的例子对吉布斯抽样具体的实施步骤进行描述。

②吉布斯抽样的实施步骤。假设需要估计的参数是 θ，θ 是一个向量且 $\theta = (\theta_1, \theta_2, \cdots, \theta_n)$，目前可用的数据信息为 y，那么为了对 θ 进行参数估计，必须首先得到 θ 的后验密度函数。假设 θ 的后验密度函数可表示为 $P(\theta|y)$，那么依据 $P(\theta|y)$ 进行抽样就可得到 θ 的参数估计结果。问题在于 θ 为向量，直接从 $P(\theta|y)$ 中进行多元随机变量 $\theta = (\theta_1, \theta_2, \cdots, \theta_n)$ 的抽取是困难的。为此，我们可对 θ 中的各元素分别进行后验分布的计算，然后进行抽样。

第一步，对待估参数 θ 中的 n 个元素进行赋值，如果 θ 的初始值为 θ^0，那么 $\theta^0 = (\theta_1^0, \theta_2^0, \cdots, \theta_n^0)$。

第二步，对 θ 中的各元素进行后验分布计算，然后进行抽样从而得到更新的参数值。具体以 θ_1 为例，其执行过程如下。首先，得到 θ_1 的条件后验分布，记为 $P(\theta_1|y, \theta_2^0, \cdots, \theta_n^0)$。其次，依据 $P(\theta_1|y, \theta_2^0, \cdots, \theta_n^0)$ 进行抽样，得到 θ_1 的抽样值 θ_1^1。同样的可以得到 θ_1 中其他元素的抽样值 $\theta_2^1, \cdots, \theta_n^1$。最后，当对 θ^0 中的各个元素都进行更新后，则可得到 θ 的第一个抽样值 $\theta^1 = (\theta_1^1, \theta_2^1, \cdots, \theta_n^1)$。

第三步，利用第二步中的方法不断对 θ 中的元素进行更新，则可不

断得到 θ 的抽样值 $\theta^2 = (\theta_1^2, \theta_2^2, \cdots, \theta_n^2)$，$\cdots$，$\theta^T = (\theta_1^T, \theta_2^T, \cdots, \theta_n^T)$，其中 T 为累计抽样的次数。

第四步，将 θ_1 的样本值综合在一起得到 $\theta_1 = (\theta_1^1, \theta_1^2, \cdots, \theta_1^T)$。由此得到对 θ_1 的参数估计值 $\dot{\theta}_1 = (\sum_{i=1}^{T} \theta_1^i) / T$。按此方法依次实现 θ_2，θ_3，$\cdots$，θ_n 的估计。综合 θ_1，θ_2，θ_3，$\cdots$，θ_n 最终实现参数 θ 的估计。

以上步骤在进行的过程中涉及最关键的一环就是在知道后验分布的条件下如何进行抽样，比如在知道 $P(\theta_1 | y, \theta_2^0, \cdots, \theta_n^0)$ 的条件下，如何对 θ_1 进行抽样。在吉布斯抽样中，由于单个参数的后验分布形式往往是可以识别的，因此抽样通常是用转置法（Hiversion）进行的。利用转置法进行抽样的具体步骤如下：已知需要抽取的样本是 θ_1，其密度函数为 $P(\theta_1 | y, \theta_2^0, \cdots, \theta_n^0)$，假设其分布函数为 $F(\theta_1 | y, \theta_2^0, \cdots, \theta_n^0)$，抽取一个随机数 u，其服从均匀分布 U $(0, 1)$。令 $z = F^{-1}(u)$，那么 z 就是从密度函数 $P(\theta_1 | y, \theta_2^0, \cdots, \theta_n^0)$ 中所抽取的 θ_1 的样本。

（3）Metropolis-Hastings 算法

①Metropolis-Hastings 算法的基本介绍。Metropolis-Hastings（MH）算法是实现 MCMC 方法的一种强大的主要算法，是一种出现很早且比较普遍适用的算法。MH 算法最初由 Metropolis，Rosenbluth 和 Rosenbluth（1953）提出，后来 Hastings 和 Harrison（1994）进行了推广，并最终形成。为什么有了吉布斯抽样以后，还需要 MH 算法呢？这是因为两种算法适用的情况不同。吉布斯抽样适用于可以直接对后验分布进行分别抽样的情况，但当后验分布本身是很复杂的非标准分布时，则难以直接进行抽样，这种情况即使通过降维等手段也无法解决，因此需要借助 MH 算法进行抽样。

②Metropolis-Hastings 算法的基本思路。MH 算法主要是为了对多个参数进行抽样。MH 算法与吉布斯抽样不一样，它没有分别计算各个参数的各自的条件后验分布，而是将所有参数视为一个参数整体，以计算

其服从的无条件后验证分布。MH 算法利用参数向量的无条件后验分布进行抽样，每次抽取的是一个向量值。但是在抽取向量值的过程中，MH 算法利用了一种特殊的方式对参数向量的各个元素逐个进行了更新。具体来说，MH 算法基本思路是若目标后验分布 $Q(\theta|y)$ 是一个复杂的非标准分布，那么首先根据 $Q(\theta|y)$ 的形态选取一个易于抽样并接近 $Q(\theta|y)$ 的密度函数为建议密度函数，建议密度函数设为 $P(\theta|y)$。然后从建议密度函数中抽取新样本，并根据一定的概率接受或拒绝新样本。若新样本被拒绝，则以上次抽取的样本作为本次新样本。

③Metropolis-Hastings 算法的实施步骤。我们使用以下一个例子对 MH 算法的具体实施步骤进行简要介绍。假设需要估计的参数为 θ，θ 为一个向量且 $\theta = (\theta_1, \theta_2, \cdots, \theta_n)$，目前可用的数据信息为 y。为了对 θ 进行参数估计，必须首先得到 θ 的后验密度函数（或者建议密度函数）。假设 θ 的后验密度函数（或者建议密度函数）可表示为 $P(\theta|y)$，那么依据 $P(\theta|y)$ 进行抽样就可得到 θ 的参数估计结果。问题在于 θ 为向量，直接从 $P(\theta|y)$ 中进行多元随机变量 $\theta = (\theta_1, \theta_2, \cdots, \theta_n)$ 的抽取是困难的。这个时候就需要利用 MH 算法对参数进行抽样。MH 算法的实施步骤具体如下。

第一步，对待估参数 θ 中的 n 个元素进行赋值，如果 θ 的初始值为 θ^0，那么 $\theta^0 = (\theta_1^0, \theta_2^0, \cdots, \theta_n^0)$。

第二步，计算 θ 各元素的联合后验分布 $P(\theta|y)$，即 $P(\theta_1, \theta_2, \cdots, \theta_n|y)$。与吉布斯抽样不同的是，MH 算法利用联合后验分布 $P(\theta_1, \theta_2, \cdots, \theta_n|y)$ 实现对各元素 $\theta_1, \theta_2, \cdots, \theta_n$ 的抽样，具体以 θ_1 为例，考察其抽样过程，下面分四小步进行介绍。

第一小步，令 $\theta_1^c = \theta_1^0 + c$，其中一般设 c 服从分布 $N(0, C)$，这里的 c 为一个事先确定的常数，这样就得到了备选样本值 θ_1^c。

第二小步，计算比率 $R = \dfrac{P(\theta_1^c, \theta_2^0, \cdots, \theta_n^0|y)}{P(\theta_1^0, \theta_2^0, \cdots, \theta_n^0|y)}$。

第三小步，从均匀分布 U（0，1）中抽取一个随机变量 u。

第四小步，比较 R 和 u 的大小。当 $R > u$ 时，则令 $\theta_1^1 = \theta_1^c$，否则令 $\theta_1^1 = \theta_1^0$。这样就实现了对 θ_1 的第一次抽样。按照同样的思路，则可以得到 θ 中其他元素的抽样值 θ_2^1，…，θ_n^1。当对 θ^0 中的各个元素都进行更新后，则可得到 θ 的第一个抽样值：$\theta^1 = (\theta_1^1，\theta_2^1，…，\theta_n^1)$。

第三步，利用第二步中的方法不断对 θ 中的元素进行更新，则可以不断得到 θ 的抽样，$\theta^2 = (\theta_1^2，\theta_2^2，…，\theta_n^2)$，…，$\theta^T = (\theta_1^T，\theta_2^T，…，\theta_n^T)$。其中 T 为累计抽样的次数。

第四步，将 θ_1 的样本值综合在一起得到 $\theta_1 = (\theta_1^1，\theta_1^2，…，\theta_1^T)$。由此得到 θ_1 的估计值：$\hat{\theta_1} = \sum_{i=1}^{T} \theta_1^i / T$。按此方法依次实现 θ_2，…，θ_n 的参数估计。综合 θ_1，θ_2，…，θ_n，最终实现参数 θ 的估计。

需要说明的是，这里只对马尔科夫链蒙特卡罗方法、吉布斯抽样和 MH 算法进行了简要的介绍，详细介绍可以参见 Andrieu，De Freitas N 和 Doucet 等（2003）的论文以及 Kim 和 Nelson（1999）的论著。

3.3.3　状态空间模型和卡尔曼滤波

（1）状态空间模型的定义

20 世纪 80 年代以来，状态空间模型已成为一种有力的金融和经济的建模工具。许多金融和经济的时间序列模型，包括典型的线性回归模型和 ARIMA 模型都能作为特例写成状态空间的形式，并估计参数值。在计量经济学文献中，状态空间模型被用来估计不可观测的时间变量：理性预期、长期收入、测量误差、不可观测因素（趋势和循环要素）。状态空间模型在经济计量学领域其他方面的大量应用请参见 Hamilton（1994）和 Harvey（1989）的论著。状态空间模型一般应用于多变量时间序列。根据卡尔曼滤波方法的特征，本书将状态空间模型进行了一般化的定义。

首先，定义量测方程或称信号方程，具体如下：

$$y_t = Z_t X_t + u_t \tag{3.27}$$

其中，y_t 是 $n \times 1$ 的向量，n 是被解释变量的个数；Z_t 是由解释变量组成的维度为 $n \times k$ 的矩阵，包含所有被解释变量的滞后值以及截距项，其总共的数目为 k；X_t 是 $k \times 1$ 的向量，表示状态空间模型的系数；u_t 是相互独立的服从正态分布 N（0，H）的随机向量。

其次，定义状态方程或称转移方程，具体如下：

$$X_t = f_t + F_t X_{t-1} + R_t v_t \tag{3.28}$$

其中，f_t 是状态方程的截距项；F_t 是状态方程 $k \times k$ 的系数矩阵；R_t 是 $k \times k$ 的矩阵，用来控制参数发生变化的信息；v_t 是 $k \times 1$ 的向量，也是相互独立的服从正态分布 N（0，Q）的随机向量。

（2）卡尔曼滤波

①卡尔曼滤波（Kalman Filtering）的基本情况介绍

当一个模型被表示成状态空间模型形式时，就可以应用一些重要的算法求解。在这些算法中最核心算法是卡尔曼滤波。卡尔曼滤波是一种基于信息更新，不断进行连续修正的线性投影算法。状态空间模型的参数可以通过卡尔曼滤波的预测算法，得到模型的极大似然函数，并利用极大似然估计或者拟极大似然估计来得到未知参数的值。卡尔曼滤波是在时刻 t 基于所有可得到的信息计算状态向量的最理想的递推过程。卡尔曼滤波的主要作用是：当误差项和初始状态向量服从正态分布时，能够通过预测误差分解计算似然函数，从而可以对状态空间模型中的所有未知参数进行估计，并且一旦得到新的观测值，就可以利用卡尔曼滤波连续地修正状态向量的估计。

设 Y_T 表示在 $t = T$ 时刻所有可利用的信息集合，即 $Y_T = \{y_T, y_{T-1}, \cdots, y_1\}$。卡尔曼滤波给出三种形式的状态变量的推断：预测、滤波和平滑。分别介绍如下。

a. 预测。当 $t > T$ 时，状态变量的推断已经超出样本的观测区间，是对未来状态的估计问题，称为预测。简单来说，设存在先后两个时刻

t 和 $t-1$，若已知 $t-1$ 时刻的观测值信息，推断 t 时刻的状态变量的信息，称为预测，记为 $t|t-1$。

b. 滤波。当 $t=T$ 时，估计观测区间的最终时点，即对现在状态的估计问题，称为滤波。简单来说，设存在先后两个时刻 t 和 $t-1$，若已知 $t-1$ 时刻的观测值信息，推断 $t-1$ 时刻的状态变量的信息，称为滤波，记为 $t-1|t-1$。

c. 平滑。当 $t<T$ 时，基于利用现在为止的观测值对过去状态的估计问题，称为平滑。简单来说，设存在先后两个时刻 t 和 $t-1$，若已知 t 时刻及之前的观测值信息，推断 $t-1$ 时刻的状态变量的信息，称为平滑，记为 $t-1|t$。

预测、滤波与平滑是三种逐次深入的算法，滤波建立在预测的基础上，而平滑建立在滤波的基础上。

②卡尔曼滤波（Kalman Filtering）涉及的基本变量释义

这次介绍卡尔曼滤波（Kalman Filtering）可能涉及的变量包括 $X_{t|t-1}$、$P_{t|t-1}$、$X_{t|t}$、$P_{t|t}$、$y_{t|t-1}$、$e_{t|t-1}$、$g_{t|t-1}$、$X_{t|T}$、$P_{t|T}$。这些变量的符号标记只适用这一节的内容以及用到该算法的地方，其他地方自动失效。下面分别进行解释。

a. $X_{t|t-1}$ 是以到 $t-1$ 为止的信息集合 Y_{t-1} 为条件的状态向量 X_t 的条件均值，即 $X_{t|t-1}=E\ (X_t|Y_{t-1})$，$t=1$，$2$，$\cdots$，$T$。

b. $P_{t|t-1}$ 是以到 $t-1$ 为止的信息集合 Y_{t-1} 为条件的状态向量 X_t 的协方差矩阵，即 $X_{t|t-1}=VAR\ (X_t|Y_{t-1})\ =E\ [\ (X_t-X_{t|t-1})\ (X_t-X_{t|t-1})'\ ]$，$t=1$，$2$，$\cdots$，$T$。

c. $X_{t|t}$ 是以到 t 为止的信息集合 Y_t 为条件的状态向量 X_t 的条件均值，即 $X_{t|t}=E\ (X_t|Y_t)$，$t=1$，2，$\cdots$，T，它可以通过卡尔曼滤波公式计算得到。

d. $P_{t|t}$ 是以到 t 为止的信息集合 Y_t 为条件的状态向量 X_t 的协方差矩阵，即 $X_{t|t}=VAR\ (X_t|Y_t)\ =E\ [\ (X_t-X_{t|t})\ (X_t-X_{t|t})'\ ]$，$t=1$，$2$，$\cdots$，$T$，它可以通过卡尔曼滤波公式计算得到。

e. $y_{t|t-1}$ 是以到 $t-1$ 为止的信息集合 Y_{t-1} 为条件的量测向量 y_t 的预测值，即 $y_{t|t-1} = E\ (y_t|Y_{t-1})$，$t = 1$，$2$，$\cdots$，$T$。

f. $e_{t|t-1}$ 是在观测值 y_t 已知的情况下，以到 $t-1$ 为止的信息集合 Y_{t-1} 对量测向量 y_t 进行预测产生的误差，即 $e_{t|t-1} = y_t - y_{t|t-1}$，$t = 1$，$2$，$\cdots$，$T$。

g. $g_{t|t-1}$ 是在观测值 y_t 已知的情况下，以到 $t-1$ 为止的信息集合 Y_{t-1} 对量测向量 y_t 进行预测产生的误差的方差，即 $g_{t|t-1} = E\ (e_{t|t-1}^2)$，$t = 1$，$2$，$\cdots$，$T$。

h. $X_{t|T}$ 是以到 T 为止的信息集合 Y_T 为条件的状态向量 X_t 的条件均值，即 $X_{t|T} = E\ (X_t|Y_T)$，$t = 1$，2，$\cdots$，$T-1$，它可以通过卡尔曼平滑公式计算得到。

i. $P_{t|T}$ 是以到 T 为止的信息集合 Y_T 为条件的状态向量 X_t 的协方差矩阵，即 $X_{t|T} = VAR\ (X_t|Y_T)\ = E\ [\ (X_t - X_{t|T})\ (X_t - X_{t|T})']$，$t = 1$，$2$，$\cdots$，$T-1$，它可以通过卡尔曼平滑公式计算得到。

③卡尔曼滤波（Kalman Filtering）的参数估计过程

假设由式（3.27）和式（3.28）组成的状态空间模型中的 y_t、Z_t、F_t、H_t、Q_t 已知，$X_{0|0}$、$P_{0|0}$ 是先验赋予初始值，则状态空间模型的参数可以通过卡尔曼滤波方法的预测、滤波和平滑三个步骤得到估计，具体步骤如下。

a. 预测。这个步骤通过以下四个方程来实现：

$$X_{t|t-1} = f_t + F_t X_{t-1|t-1} \tag{3.29}$$

$$P_{t|t-1} = F_t P_{t-1|t-1} F_t' + R_t Q_t R_t' \tag{3.30}$$

$$e_{t|t-1} = y_t - y_{t|t-1} = y_t - Z_t X_{t|t-1} \tag{3.31}$$

$$g_{t|t-1} = Z_t P_{t|t-1} Z_t' + H_t \tag{3.32}$$

这一步，从 $X_{0|0}$、$P_{0|0}$ 开始迭代，第 1 个到第 4 个方程分别从 $t = 1$ 到 $t = T$ 预测状态向量 X_t 的条件均值、条件方差，以及 $y_{t|t-1}$ 的预测误差

和预测误差的方差。需要说明的是，在状态方程的误差项和初始状态向量服从正态分布的假设下，X_t 的条件均值 $X_{t|t-1}$ 是 X_t 在最小均误差意义下的一个最优估计量。

b. 滤波。这个步骤通过以下两个方程来实现：

$$X_{t|t} = X_{t|t-1} + K_t e_{t|t-1} \tag{3.33}$$

$$P_{t|t} = P_{t|t-1} - K_t Z_t P_{t|t-1} \tag{3.34}$$

其中，$K_t = P_{t|t-1} Z'_t g_{t|t-1}^{-1}$，是卡尔曼算子，它决定了给予新信息的权重。

这一步利用第一步预测结果和新的观察值对第一步的预测结果进行修正，从 $t=1$ 开始，到 $t=T$ 结束，从而最终得到 $X_{T|T}$ 和 $P_{T|T}$ 的值，把它们分别作为 X_T 服从的正态分布的均值和方差。

c. 平滑。这个步骤通过以下两个方程来实现：

$$X_{t|T} = X_{t|t} + P_{t|t} F'_t P_{t+1|t}^{-1} (X_{t+1|T} - F_t X_{t|t} - f_t) \tag{3.35}$$

$$P_{t|T} = P_{t|t} + P_{t|t} F'_t P_{t+1|t}^{-1} (P_{t+1|T} - P_{t+1|t}) (P_{t+1|t}^{-1})' F P'_{t|t} \tag{3.36}$$

这一步，把第二步滤波得到的 $X_{T|T}$ 和 $P_{T|T}$ 作为初始值，从 $t=T-1$ 开始，到 $t=1$ 结束，利用式（3.35）和式（3.36）进行后顾型的迭代，计算出 $X_{t|T}$ 和 $P_{t|T}$。

3.3.4 MI – TVP – SV – VAR 模型诊断和检验

一般来说，在运用计量模型进行实证分析时，我们对模型的诊断和检验主要从两个方面进行。一是模型设定的合理性诊断，即根据似然函数值、AIC、SC 等信息准则，对模型相对于其他模型的优越性进行诊断。二是模型参数估计的合理性检验，即根据 T 统计量等统计量对参数估计值进行假设检验，看其是否显著异于 0。但是基于贝叶斯计量经济学框架使用 MCMC 方法设定和估计的 MI – TVP – SV – VAR 模型有着不同于传统框架和方法设定和估计的模型的诊断和检验方法，因此，在这里有必要对 MI – TVP – SV – VAR 模型的诊断和检验方法进行介绍。与传统模型类似，MI – TVP – SV – VAR 模型进行诊断和检验主要也是从两个方面展开。

（1） MI – TVP – SV – VAR 模型设定的合理性诊断

关于贝叶斯模型设定的合理性诊断的研究文献非常多，Chib 和 Greenberg（1995），Geweke（1999），Primiceri（2005），Nakajima, Kasuya 和 Watanabe（2011），Koop, Leon-Gonzalez 和 Strachan（2009） 等贝叶斯计量经济学家对此进行了卓有成效的研究，取得大量的成果，内容十分丰富。限于篇幅，本书只对 TVP – SV – VAR 类贝叶斯模型设定的合理性诊断进行简要介绍。MI – TVP – SV – VAR 模型设定的合理性诊断主要包括以下两个方面的内容。

首先，MI – TVP – SV – VAR 模型整体优越性检验。这个方面的检验主要包括两大类。第一，基于先验信息的后验统计量进行检验。这些后验统计量主要包括后验密度、后验概率、边缘似然函数值和对数似然函数值等。即与其他同类的模型进行比较，其值越大，其模型设定的合理性越好。第二，不依赖于先验信息的信息准则检验。信息准则由于计算简单经常被用于贝叶斯模型的比较。其不依赖于先验信息，只提供偏好某个模型的数据信息，可以用于任何模型，包括采用有信息和无信息先验。贝叶斯计量经济学者使用最多的是 BIC 信息准则（Bayesian Information Criterion），$BIC（\theta） = 2\ln [p （y \mid \theta）] – p\ln （N）$，具有最大 BIC 的模型就是最优的模型。其他常用的信息准则还有 AIC 准则（Akaike Information Criterion）、HQC 准则（Hannan-Quinn Criterion） 和 DIC 准则（Deviance Information Criterion），若模型中涉及隐藏数据和分层先验，则使用 DIC 效果较好。本书对 MI – TVP – SV – VAR 模型设定的合理性诊断使用的方法是第一类方法。

其次，MI – TVP – SV – VAR 模型灵活动态结构变化检验。传统的静态 VAR 类模型通常假设模型一定是静态结构的，不发生动态结构变化，且传统的 TVP – VAR 类模型通常假定模型一定发生动态结构变化，显然，这两种假设都不符合实际，更合理的假设是模型存在灵活的动态结构变化，即可能有时是静态结构，有时是动态结构，其检验方法是计算模型的结构转换概率。如果所有样本期的结构转换概率都是 0，则表明该模型是静态结构的；如果都是 1，则表明该模型是动态结构的；如果都介于 0 ~ 1，则表明该模型是灵活动态结构的。

（2）　MI – TVP – SV – VAR 模型参数估计合理性检验

通过上述的吉布斯抽样和 MH 算法以及状态空间模型和卡尔曼滤波方法，我们可以实现对 MI – TVP – SV – VAR 模型的参数估计。但是使用这些算法和方法进行参数估计的效果如何呢？这就涉及对这些参数估计方法进行检验。目前对 MI – TVP – SV – VAR 模型进行检验主要从以下三个方面展开。

首先，抽样的收敛性诊断。①路径图诊断。MI – TVP – SV – VAR 模型通过上述方法进行大量抽样，并去掉"烧掉"抽样后，就可以得到抽样系列，也就是得到了大量抽样路径，从而可以使用路径图来检验模型的参数抽样，确定其是收敛的还是发散的。在 MCMC 算法的收敛性诊断的诸多方法中，路径图法是应用得最为广泛的一种检验方法，即用 X 轴表示某个参数的抽样次数，用 Y 轴表示这个参数所抽取的样本值，这样就可在坐标系中描绘出参数的路径图，从而根据路径图的趋势诊断抽样的收敛性。如果路径图中所显示的样本值始终围绕某个数值上下波动，即存在均值回归现象，这就说明这个抽样系列是有效的，即表明 MCMC 算法所生成的马尔科夫链是依后验概率进行收敛的；如果仍然表现出某种趋势，则说明是无效的，即表明 MCMC 算法所生成的马尔科夫链没有依后验概率进行收敛。②收敛性统计量诊断（CD）。在这个基础上，我们可以进一步使用 CD（Convergence Diagnostics）统计量来检验模型抽样收敛与否。CD 统计量是指使用原假设关于某个参数的抽样系列之间的差异值等于 0 来诊断抽样收敛的方法。如果 CD 统计量小于某个置信水平对应的临界值，则表明其收敛于后验分布的零假设不能被拒绝，这个抽样系列是收敛的，否则就是发散的。根据相关文献可知，CD 统计量的具体

计算公式为 $CD = (\bar{x}_0 - \bar{x}_1) / \sqrt{\hat{\sigma}_0^2/n_0 + \hat{\sigma}_1^2/n_1}$，其中，$\bar{x}_0$ 表示前 n_0 个抽样的均值，$\bar{x}_1$ 表示后 n_1 个抽样的均值，$\sqrt{\hat{\sigma}_0^2/n_0}$ 表示 $\bar{x}_0$ 标准差，$\sqrt{\hat{\sigma}_1^2/n_1}$ 表示 $\bar{x}_1$ 标准差，一般 n_0 可以选择前 10%、25% 的抽样值，n_1 可以选择后 50% 的抽样值。如果 MCMC 抽样系列是平稳的，则 CD 统计量会收敛于标准正态分布。$\hat{\sigma}_j^2$（$j = 0$，1）可以通过使用窗宽为 m 的帕曾窗的周期谱函数来计算。

其次，抽样的自相关性检验。①自相关系数检索。同样地，根据得到的 MI－TVP－SV－VAR 模型的 MCMC 抽样系列，我们就可以计算其自相关系数。如果自相关系数快速趋于 0，这就说明该方法对模型的抽样是有效的，能够产生大量的不相关的抽样；反之就是低效的。②低效因子检验（IF）。在这个基础上，我们可以进一步使用低效因子（Inefficiency Factor，IF）来检验模型抽样效率的高低。它是测度抽样有效性的指标，是后验样本均值的方差和不相关序列样本均值的方差的比率。它可以用来计算既定抽样次数下所能获得的不相关样本个数。根据相关文献可知，低效因子的具体计算公式为：$IF = 1 + 2 \cdot \sum_{s=1}^{m} \rho_s$。其中 ρ_s 是滞后 s 阶的抽样系数的自相关系数。根据一般的经验，如果低效因子的值是某个数 D（比如 $D = 100$）时，这就意味着 MCMC 抽样 D 次，才能得到 1 个非相关抽样，因此，为了得到至少 D 个非相关抽样，我们就至少需要进行 D 倍于低效因子的值的 MCMC 抽样（比如 10000 次）。只有这样，我们通过这些抽样方法对模型进行的抽样次数、对模型的后验推断才是足够的。

最后，抽样的后验统计量检验。同样的，根据得到的 MI－TVP－SV－VAR 模型各个参数的 MCMC 抽样系列，我们就可以计算各个参数的后验均值、后验方差（或标准差）、后验置信区间、后验密度、后验概率等后验统计量，从而就可以画出这些后验统计量的图形，根据这些图形，我们就可以判断抽样得到的后验统计量与先验假设相符的程度。

3.4　MI – TVP – SV – VAR 模型先验
信息和初始值设定

本书基于式（3.19）、式（3.20）、式（3.21）、式（3.22）综合构建的MI – TVP – SV – VAR 模型，实证分析金融与经济动态关系。由于对MI – TVP – SV – VAR 模型直接进行参数估计存在一定的困难，我们有必要在模型进行具体估计之前对模型各类参数的先验信息和初始值进行设定。

3.4.1　混合创新项 K 及转换概率 p 的先验信息和初始值设定

我们可以看到式（3.19）、式（3.20）、式（3.21）、式（3.22）综合构建的 MI – TVP – SV – VAR 模型有三个状态方程，为了全面和系统地研究金融与经济的动态关系，本书对 3 个状态方程都设定了混合创新项 K，从而有别于其他学者在其他经济领域的研究中只设定 1 个或者 2 个混合创新项 K 的情况。下面对这 3 个混合创新项 K 进行先验信息和初始值的设定。

（1）混合创新项 K 及转换概率 p 的先验和后验分布设定

设 K_j（$j = 1$，2，3，下同）的转换概率 p_j 服从的先验分布是 Beta 分布，即 $p_j \sim B\ (\underline{\beta}_{1j},\ \underline{\beta}_{2j})$。由此可以推导出 p_j 的后验分布 $B\ (\bar{\beta}_{1j},\ \bar{\beta}_{2j})$。即 $\bar{\beta}_{1j} = \underline{\beta}_{1j} + \sum_{t=1}^{T} K_{jt}$，$\bar{\beta}_{2j} = \underline{\beta}_{2j} + T - \sum_{t=1}^{T} K_{jt}$。

（2）混合创新项 K 及转换概率 p 的初始值设定

MI – TVP – SV – VAR 模型的混合创新项 K_j 都只取两个值 0 或 1，从而决定模型对应的状态参数是变化还是固定的。在没有足够信息可以利用时，我们先验地假定 $\underline{\beta}_{1j} = 1$，$\underline{\beta}_{2j} = 1$，这就意味着 K_j 的转换概率 p_j 服从的先验分布是 $B\ (1,\ 1)$，参数发生结构变化和不发生结构变化的可能性是均等的，K_j 等于 0 和 1 的概率都是 0.5，即：

$$p_{1j} = p(K_j = 0) = 0.5 \tag{3.37}$$

$$p_{2j} = p(K_j = 1) = 0.5 \tag{3.38}$$

从而可以得出，p_j 的期望值为：$E(p_j) = 0.5$。这就意味着在任何一个时点都有 50% 的概率发生结构变化，即整个样本期的结构断点很多。其标准差为：$\sqrt{VAR(p_j)} = 0.2887$。这个标准差比较大，这就意味着这个先验分布是一个先验信息较少的设定。

另外，大量关于结构断点的研究都是在少数几个断点基础上展开的（如 Pesaran，Pettenuzzo 和 Timmerman，2006），本书也对这种只有 1、2 个断点的情况进行了研究，即我们先验地假定 $\underline{\beta}_{1j} = 0.1$，$\underline{\beta}_{2j} = 10$，这就意味着 K_j 的转换概率 p_j 服从的先验分布是 B（0.1，10），p_j 的期望值为：$E(p_j) = 0.0099$。这就意味着在任何一个时点发生结构变化的概率非常小，即整个样本期的结构断点很少，只有少数几个。其标准差为：$\sqrt{Var(p_j)} = 0.0297$。这个标准差非常小，这就意味着这个先验分布是一个先验信息较丰富的设定。需要注意的是，MI – TVP – SV – VAR 模型的混合创新方法相对于构造结构断点模型的优点之一就是它并没有对样本数据强加先验的结构断点数量，相反，它是从样本数据中估计断点的数量，所以我们不能简单地强加几个断点，比如 1、2 个断点的混合创新模式，但是我们可以对混合创新模式的转移概率进行紧缩，从而同样达到结构断点模型只考虑几个断点的目标。

（3）其他各种类型的 VAR 模型的先验信息和初始值设定

为了便于对 MI – TVP – SV – VAR 模型与其他各个类型的 VAR 模型进行比较分析，本书对各种类型的 VAR 模型实证分析需要的先验信息和初始值进行了设定，具体情况见表 3.1，其含义解释如下。①标准的基准模型。本书将 MI – TVP – SV – VAR 模型作为标准的基准模型，其三个参数 X_t、$\sum_t$ 和 A_t 的先验信息分别设定为：$\underline{\beta}_{11} = 1$，$\underline{\beta}_{21} = 1$；$\underline{\beta}_{12} = 1$，$\underline{\beta}_{22} = 1$；$\underline{\beta}_{13} = 1$，$\underline{\beta}_{23} = 1$。②$A_t$ 固定的基准模型。这个模型的三个参数 X_t、$\sum_t$ 和 A_t 的先验信息分别设定为：$\underline{\beta}_{11} = 1$，$\underline{\beta}_{21} = 1$；$\underline{\beta}_{12} = 1$，$\underline{\beta}_{22} = 1$；

$K_{3t} = 0$，$\forall t$。③A_t、$\sum_t$固定的基准模型。这个模型其实就是 TVP – VAR 模型，三个参数 X_t、$\sum_t$ 和 A_t 的先验信息分别设定为：$\underline{\beta}_{11} = 1$，$\underline{\beta}_{21} = 1$；$K_{2t} = 0$，$\forall t$；$K_{3t} = 0$，$\forall t$。④$X_t$固定的基准模型。这个模型其实就是 SV – VAR 模型，其三个参数 X_t、$\sum_t$ 和 A_t 的先验信息分别设定为：$K_{1t} = 0$，$\forall t$；$\underline{\beta}_{12} = 1$，$\underline{\beta}_{22} = 1$；$\underline{\beta}_{13} = 1$，$\underline{\beta}_{23} = 1$。⑤Primiceri 模型。这个模型其实就是 TVP – SV – VAR 模型，其三个参数 X_t、$\sum_t$ 和 A_t 的先验信息分别设定为：$K_{1t} = 1$，$\forall t$；$K_{2t} = 1$，$\forall t$；$K_{3t} = 1$，$\forall t$。⑥VAR 模型。这个模型三个参数 X_t、$\sum_t$ 和 A_t 的先验信息分别设定为：$K_{1t} = 0$，$\forall t$；$K_{2t} = 0$，$\forall t$；$K_{3t} = 0$，$\forall t$。⑦几个断点的基准模型。这个模型三个参数 X_t、$\sum_t$ 和 A_t 的先验信息分别设定为：$\underline{\beta}_{11} = 0.1$，$\underline{\beta}_{21} = 10$；$\underline{\beta}_{12} = 0.1$，$\underline{\beta}_{22} = 10$；$\underline{\beta}_{13} = 0.1$，$\underline{\beta}_{23} = 10$。

表 3.1　各种类型的 VAR 模型实证分析的先验信息设定

模型	X_t	$\sum_t$	A_t
标准的基准模型	$\underline{\beta}_{11} = 1$，$\underline{\beta}_{21} = 1$	$\underline{\beta}_{12} = 1$，$\underline{\beta}_{22} = 1$	$\underline{\beta}_{13} = 1$，$\underline{\beta}_{23} = 1$
A_t固定的基准模型	$\underline{\beta}_{11} = 1$，$\underline{\beta}_{21} = 1$	$\underline{\beta}_{12} = 1$，$\underline{\beta}_{22} = 1$	$K_{3t} = 0$，$\forall t$
A_t、$\sum_t$固定的基准模型	$\underline{\beta}_{11} = 1$，$\underline{\beta}_{21} = 1$	$K_{2t} = 0$，$\forall t$	$K_{3t} = 0$，$\forall t$
X_t固定的基准模型	$K_{1t} = 0$，$\forall t$	$\underline{\beta}_{12} = 1$，$\underline{\beta}_{22} = 1$	$\underline{\beta}_{13} = 1$，$\underline{\beta}_{23} = 1$
Primiceri 模型	$K_{1t} = 1$，$\forall t$	$K_{2t} = 1$，$\forall t$	$K_{3t} = 1$，$\forall t$
VAR 模型	$K_{1t} = 0$，$\forall t$	$K_{2t} = 0$，$\forall t$	$K_{3t} = 0$，$\forall t$
几个断点的基准模型	$\underline{\beta}_{11} = 0.1$，$\underline{\beta}_{21} = 10$	$\underline{\beta}_{12} = 0.1$，$\underline{\beta}_{22} = 10$	$\underline{\beta}_{13} = 0.1$，$\underline{\beta}_{23} = 10$

3.4.2　状态方程参数 X、h、α 的先验信息和初始值设定

（1）状态方程参数 X、h、α 的先验和后验分布设定

参照 Primiceri（2005），将状态方程参数 X、h、α 的先验分布设定为：

$$X_0 \sim N(\hat{X}_{ols}, 4V(\hat{X}_{ols})) \tag{3.39}$$

$$h_0 \sim N(\hat{h}_{ols}, 4I_n) \tag{3.40}$$

$$\alpha_0 \sim N(\overset{\cdot}{\alpha}_{ols}, 4V(\overset{\cdot}{\alpha}_{ols})) \tag{3.41}$$

其中，方差部分乘以4，用以表示更大的不确定性，防止先验信息约束过紧。此外 X_t、h_t、α_t 的先验分布也可直接用标准正态分布来代替。

假设 K_{1t}、h_t、α_t、y_t 已知，则量测方程（3.19）和状态方程（3.20）是线性的和正态的，因此，X_t 的条件后验分布就可以使用通过一个标准的模拟平滑得到的从1，2，…，T 的 X_t 的正态分布密度的连乘得到（模拟平滑算法可参见 Frühwirth-Schnatter，1994；Carter 和 Kohn，1994）。X_t 后验分布的具体计算过程参见 3.3.3 节的内容。

基于同样的理由，假设 K_{1t}、K_{2t}、X_t、h_t、y_t 已知，则 α_t 条件后验分布也可以使用通过正态分布密度的连乘得到，因此 α_t 可以通过与 X_t 同样的抽样得到。

而 h_t 的抽样则主要涉及和依赖 Kim，Shephard 和 Chib（1998）的方法。这种方法就是把非线性和非正态的状态空间方程转换成线性和近似正态的状态空间方程。在这个基础上，h_t 的条件后验分布就可以再次使用一个标准的模拟平滑方法得到的从1，2，…，T 的 h_t 的正态分布密度的连乘。

（2）状态方程参数 *X*、*h*、*α* 的初始值设定

参照 Primiceri（2005），选择样本数据的前一部分数据，作为训练样本，通过 OLS 方法或贝叶斯扩散先验信息的估计得到参数 X_t、α_t 的初始值 $\overset{\cdot}{X}_{ols}$、$\overset{\cdot}{\alpha}_{ols}$ 和方差 $V(\overset{\cdot}{X}_{ols})$、$V(\overset{\cdot}{\alpha}_{ols})$。$h_t$ 的初始值可以通过对常系数 VAR 模型 OLS 后的残差标准差获得，即 h_{ols}，其方差可用 I_n 代替。

3.4.3 状态方程超参数 *Q*、*W*、*S* 的先验信息和初始值设定

（1）状态方程超参数 *Q*、*W*、*S* 的先验和后验分布设定

①超参数 Q 的先验和后验分布设定。在 X_t 已知的条件，如果 Q 服从 Inverse-Wishart 分布（简称 IW 分布，下同），从而 Q^{-1} 服从 Wishart

分布（简称 Wish 分布，下同）。本书假定 Q^{-1} 服从先验分布即 $Q^{-1} \sim$ $Wish\ (\underline{Q}, \underline{V}_Q)$，则其后验分布为：

$$Q^{-1} \mid y \sim Wish(\overline{Q}^{-1}, \overline{V}_Q) \tag{3.42}$$

其中：$\overline{V}_Q = \underline{V}_Q + T$，$\overline{Q}^{-1} = \left[\underline{Q}^{-1} + \sum_{t=1}^{T} (X_t - X_{t-1})(X_t - X_{t-1}) \right]^{-1}$。
其中，y 是样本数据，T 是样本长度。

②超参数 W 的先验和后验分布设定。在 h_t 已知的条件，如果 W 服从 Inverse-Wishart 分布，那么 W^{-1} 服从 Wishart 分布。本书假定 W^{-1} 服从先验分布，即 $W^{-1} \sim Wish\ (\underline{W}^{-1}, \underline{V}_W)$，则其后验分布为：

$$W^{-1} \mid y \sim Wish(\overline{W}^{-1}, \overline{V}_W) \tag{3.43}$$

其中：$\overline{V}_W = \underline{V}_W + T$，$\overline{W}^{-1} = \left[\underline{W}^{-1} + \sum_{t=1}^{T} (h_t - h_{t-1})(h_t - h_{t-1}) \right]^{-1}$。
其中，y 是样本数据，T 是样本长度。

③超参数 S 的先验和后验分布设定。在 α_t 已知的条件，如果 S 服从 Inverse-Wishart 分布，那么 S^{-1} 服从 Wishart 分布。本书假定 S^{-1} 服从先验分布，即 $S^{-1} \sim Wish\ (\underline{S}^{-1}, \underline{V}_S)$，则其后验分布为：

$$S^{-1} \mid y \sim Wish(\overline{S}^{-1}, \overline{V}_S) \tag{3.43}$$

其中：$\overline{V}_S = \underline{V}_S + T$，$\overline{S}^{-1} = \left[\underline{S}^{-1} + \sum_{t=1}^{T} (\alpha_t - \alpha_{t-1})(\alpha_t - \alpha_{t-1}) \right]^{-1}$。
其中，y 是样本数据，T 是样本长度。

需要说明的是，因为 S 是区块矩阵，所以这里设定的先验分布和后验分布都是 S 分区块设定的。

（2）状态方程超参数 Q、W、S 的初始值设定

MI – TVP – SV – VAR 模型状态方程超参数 Q、W、S 相互独立，设其先验分布为 Inverse-Wishart（IW）分布。进而根据 Primiceri（2005），设定其先验分布初始值为：

$$Q \sim IW(k_Q^2 \cdot tau \cdot V(\dot{X}_{ols}), tau) \tag{3.44}$$

$$W \sim IW(k_W^2 \cdot (1 + n_W) \cdot I_n, 1 + n_W) \tag{3.45}$$

$$S \sim IW(k_S^2 \cdot (1 + n_S) \cdot V(\dot{A}_{ols}), 1 + n_S) \tag{3.46}$$

其中，tau 是训练样本的长度，n_W、n_S 分别代表参数 α_t、h_t 的维度。就 n 维 p 阶滞后的 MI – TVP – SV – VAR 模型而言，参数 α_t 的维度 $n_W = n$ $(n - 1)$ /2，参数 h_t 的维度 $n_S = n$。在参数维度上加 1 是因为 Inverse-Wishart 分布的自由度应用大于矩阵的维数。$k_Q = 0.01$，$k_W = 0.1$，$k_S = 0.01$。这些先验设定也为 Koop 和 Korobilis（2010）所采用。此外，上述先验中的 $V(\dot{X}_{ols})$、$V(\dot{A}_{ols})$ 也可以用 I_n 替代。

需要说明的是，因为 S 是区块矩阵，所以这里设定的先验分布初始值都是由 S 分区块设定的。

3.5　MI – TVP – SV – VAR 模型的参数估计

MI – TVP – SV – VAR 模型的参数估计使用 MCMC 算法进行运算。MCMC 算法将全部参数划分为不同的参数块，本书将不同类别的参数划分为不同的参数块，使不同的参数块有较大的独立性，然后对每部分的条件后验进行抽样，最终形成全部参数的条件后验分布。为方便描述，不考虑训练样本及自回归滞后期数等因素，直接设定可用的数据样本为 1 期至 T 期，下同。

3.5.1　MI – TVP – SV – VAR 模型涉及的参数块

（1）样本数据 y_t。样本数据 y_t 涉及的期数是第 1 期到第 T 期，即可表示为：$y^T = \{y_t\}_{t=1}^T$。

（2）MI – TVP – SV – VAR 模型的时变系数 X_t。时变系数 X_t 涉及的期数是第 1 期到第 T 期，即可表示为：$X^T = \{X_t\}_{t=1}^T$。

（3）MI – TVP – SV – VAR 模型的各个自回归方程的误差项的同期关系矩阵 A_t。误差项的同期关系矩阵 A_t 涉及的期数是第 1 期到第 T 期，即可表示为：$A^T = \{A_t\}_{t=1}^T$。

（4）MI – TVP – SV – VAR 模型的各个自回归方程的误差项的标准差 Σ_t。误差项的标准差 Σ_t 涉及的期数是第 1 期到第 T 期，即可表示为：$\Sigma^T = \{\Sigma_t\}_{t=1}^T$。

（5）MI – TVP – SV – VAR 模型的混合创新项 K_1、K_2、K_3。混合创新项 K_1、K_2、K_3 涉及的期数是第 1 期到第 T 期，即可表示为：$K_j^T = \{K_{jt}\}_{j=1}^T$，$j = 1$，2，3。

（6）MI – TVP – SV – VAR 模型各个状态方程的误差项的方差 Q、W 和 S。

3.5.2　MI – TVP – SV – VAR 模型抽样估计

借鉴 Primiceri（2005）以及 Koop，Leon-Gonzalez 和 Strachan 等（2009）的估计框架，对 MI – TVP – SV – VAR 模型构造了基于 MCMC 框架的吉布斯抽样的整体步骤，具体如下。

（1）第 1 步，对 MI – TVP – SV – VAR 模型的各参数矩阵进行初始化

MI – TVP – SV – VAR 模型需要估计各参数矩阵，分别为 X^T、A^T、Σ^T、K_1^T、K_2^T、K_3^T、Q、W 和 S，第 1 步的任务就是对这些需要估计的参数矩阵进行初始化。在这些参数矩阵中，加上了上标 T 的参数矩阵表示其是时变的，即从 1 至 T 期总共有 T 个参数矩阵估计值。

（2）第 2 步，对 MI – TVP – SV – VAR 模型混合创新项 K_1^T 进行抽样

Gerlach，Carter 和 Kohn（2000）首次开创性地提出了对混合分布的创新模型进行抽样估计的方法，之后 Giordani 和 Kohn（2006）又对此进行了完善。本书对时变系数状态方程中的混合创新项 K_1^T 的抽样具体过程描述如下。

①构建一般化的 MI – TVP – SV – VAR 模型

本书对混合创新项 K_1^T 的抽样估计是 Gerlach，Carter 和 Kohn（2000）与 Giordani 和 Kohn（2006）的一个应用。因为第 5 步和第 8 步

仍需要分别对 K_2^T、K_3^T 同样进行这种抽样，本书根据抽样的特征，将 MI – TVP – SV – VAR 模型描述为一个更为一般的状态空间模型：

$$y_t = Z_t X_t + \gamma_t \varepsilon_t \tag{3.47}$$

$$X_t = f_{1t} + F_{1t} X_{t-1} + K_{1t} G_{1t} v_t \qquad K_{1t} \in \{0,1\} \tag{3.48}$$

$$h_t = f_{2t} + F_{2t} h_{t-1} + K_{2t} G_{2t} \xi_t \qquad K_{2t} \in \{0,1\} \tag{3.49}$$

$$\alpha_t = f_{3t} + F_{3t} \alpha_{t-1} + K_{3t} G_{3t} \varsigma_t \qquad K_{3t} \in \{0,1\} \tag{3.50}$$

其中，y_t 是观测值；x_t 是时变系数状态方程的状态变量；h_t 是对数波动状态方程的状态变量；α_t 是同期关系状态方程的状态向量；ε_t、v_t、ξ_t、ς_t 相互独立且服从正态分布的误差项；γ_t 是量测方程的误差项的标准差，从而使 ε_t 得以标准化；G_{jt}（$j=1$，2，3）是状态方程误差项的标准差，从而分别使 v_t、ξ_t 和 ς_t 得以标准化。为了简便起见，本书设 f_{1t}、f_{2t} 和 f_{3t} 都为 0 矩阵，F_{1t}、F_{2t} 和 F_{3t} 都为单位矩阵，在三个状态方程中，当 $K_{jt} = 0$（$j=1$，2，3）时，状态方程是一个固定系数模型；当 $K_{jt} = 1$（$j=1$，2，3）时，状态方程是时变系数模型。因 K_{jt} 只能取 0 和 1，在不影响运算的情况下，可以把 K_{jt} 和 G_{jt} 这两个变量合并，令 $\Gamma_{jt} = K_{jt} G_{jt}$，从而可以将 MI – TVP – SV – VAR 模型重新描述为：

$$y_t = Z_t X_t + \gamma_t \varepsilon_t \tag{3.51}$$

$$X_t = X_{t-1} + \Gamma_{1t} v_t \tag{3.52}$$

$$h_t = h_{t-1} + \Gamma_{2t} \xi_t \tag{3.53}$$

$$\alpha_t = \alpha_{t-1} + \Gamma_{3t} \varsigma_t \tag{3.54}$$

②对混合创新项 K_1^T 条件后验分布进行推导

本次抽样目标是实现 Γ_t 中隐含的变量 K_1^T 的抽取。Gerlach，Carter 和 Kohn（2000）开发出一种得到 K_1^T 的后验抽样的有效算法。他们的思想是从条件后验分布 p（$K_{1t} | y^T$，$K_{1i \neq t}^T$）中对 K_t 进行抽样，这里的 $K_{1i \neq t}^T$ 指的是 K_1^T 中除 K_{1t} 外的所有其他元素。经过推导可以得到：

$$p(K_{1t} \mid y^T, K_{1i \neq t}^T) \propto p(y^T \mid K_1^T) p(K_{1t} \mid K_{1i \neq t}^T)$$

$$\propto p(y_t \mid y^{1,t-1}, K_1^{1,t}) p(y^{t+1,T} \mid y^{1,t}, K_1^T) p(K_{1t} \mid K_{1i \neq t}^T) \tag{3.55}$$

其中，$y^{1,t-1}$ 指的是元素（y_1，y_2，$\cdots$，y_{t-1}），$K_1^{1,t}$ 指的是元素（K_{11}，K_{12}，$\cdots$，K_{1t}），$y^{t+1,T}$ 指的是元素（y_{t+1}，y_{t+2}，$\cdots$，y_T），$y^{1,t}$ 指的是元素（y_1，y_2，$\cdots$，y_t）。Gerlach，Carter 和 Kohn（2000）利用式（3.42）开发出了对 K_{1t} 进行后验抽样的有效算法。

从式（3.55）可以发现，推导出来的混合创新项 K_1^T 条件后验分布公式由三项的乘积构成，第 1 项 p（$y_t \mid y^{1,t-1}$，$K_1^{1,t}$）可以通过 y_t 服从的正态分布函数直接计算出来，具体计算公式详见接下来的过程；第 3 项 p（$K_{1t} \mid K_{1i \neq t}^T$）也可以通过 K_{1t} 服从的先验分布直接计算得到，因此，这个公式最难计算的部分是第 2 项 p（$y^{t+1,T} \mid y^{1,t}$，K_1^T），接下来的过程将对该项的计算进行详细介绍。

③对混合创新项 K_1^T 条件后验分布进行抽样

本书要想基于式（3.45）对混合创新项 K_1^T 条件后验分布进行抽样，首先必须对条件分布 p（$y^{t+1,T} \mid X_t$，K_1^T）进行抽样。下面分三个部分介绍这次抽样。

a. 解释这次抽样可能涉及的变量。这些变量包括 I、μ_t、Ω_t、N_t、A_t、B_t、C_t、D_t、EX_{t+1}、VX_{t+1}、R_t、J_t、M_t、V_t、T_t、Φ_t。这些变量的符号标记只用于在第 2 步对 MI – TVP – SV – VAR 模型混合创新项 K_1^T 进行抽样时表示相关变量，其他地方自动失效。下面分别进行解释。

I 是单位矩阵。

μ_{t+1} 是抽样过程中涉及的中间变量，通过从 $T-1$ 期到 1 期逆向递推得到。

Ω_{t+1} 是抽样过程中涉及的中间变量，通过从 $T-1$ 期到 1 期逆向递推得到。

N_{t+1} 是 $y_{t+1} \mid X_t$、$K_1^{1,t+1}$ 的协方差矩阵，它的具体计算公式如下：$N_{t+1} = VAR$（$y_{t+1} \mid X_t$，$K^{1,t+1}$）$= Z'_{t+1} \Gamma_{1t+1} \Gamma'_{1t+1} Z'_{t+1} + \gamma_{t+1}^2$。

A_{t+1}是抽样过程中涉及的中间变量，记：$A_{t+1} = I - B_{t+1} Z'_{t+1}$。

B_{t+1}是抽样过程中涉及的中间变量，记：$B_{t+1} = \Gamma_{1t+1} \Gamma'_{1t+1} Z_{t+1} N_{t+1}^{-1}$。

C_{t+1}是抽样过程中涉及的中间变量，记：$C_{t+1} = chol \ (C_{t+1} C'_{t+1})'$，
而 $C_{t+1} C'_{t+1} = \Gamma_{1t+1} \ (I - \Gamma'_{1t+1} Z_{t+1} N_{t+1}^{-1} Z'_{t+1} \ \Gamma_{1t+1}) \ \Gamma'_{1t+1}$。

D_{t+1}是抽样过程中涉及的中间变量，记：$D_{t+1} = C'_{t+1} \Omega_{t+1} C_{t+1} + I$。

EX_{t+1}是 $X_{t+1} | X_t$、y_{t+1}、K_1^T 的期望值矩阵，它的具体计算公式表述
如下：$EX_{t+1} = E \ (X_{t+1} | X_t, \ y_{t+1}, \ K_1^T) \ = A_{t+1} X_t + B_{t+1} y_{t+1}$。

VX_{t+1}是 $X_{t+1} | X_t$、y_{t+1}、K_1^T 的协方差矩阵，它的具体计算公式表述
如下：$VX_{t+1} = VAR \ (x_{t+1} | X_t, \ y_{t+1}, \ K_1^T) \ = C_{t+1} C_{t+1}'$。

R_t是抽样过程中涉及的中间变量，通过从 1 期到 T 期的卡尔曼滤波
得到。

J_t是抽样过程中涉及的中间变量，通过从 1 期到 T 期的卡尔曼滤波
得到。

M_t是抽样过程中涉及的中间变量，通过从 1 期到 T 期的卡尔曼滤波
得到。

V_t是抽样过程中涉及的中间变量，通过从 1 期到 T 期的卡尔曼滤波
得到。

T_t是抽样过程中涉及的中间变量，通过直接计算得到。

Φ_t是抽样过程中涉及的中间变量，通过直接计算得到。

b. 对 Ω_t 和 μ_t 进行抽样，并计算条件分布 $p \ (y^{t+1,T} | X_t, \ K_1^T)$。对于
$\Omega_T = 0$ 和 $\mu_T = 0$，Ω_t 和 μ_t 可以通过从 $T - 1$ 期到 1 期的向前递推得到，递
归公式如下。

$$\Omega_t = A'_{t+1} \ (\Omega_{t+1} - \Omega_{t+1} C_{t+1} D_{t+1}^{-1} C'_{t+1} \ \Omega_{t+1}) A_{t+1} + Z_{t+1} N_{t+1}^{-1} Z'_{t+1} \qquad (3.56)$$

$$\mu_t = A'_{t+1} \ (I - \Omega_{t+1} C_{t+1} D_{t+1}^{-1} C'_{t+1}) \times (\mu_{t+1} - \Omega_{t+1}(x_{t+1} B_{t+1} y_{t+1})) + Z_{t+1} N_{t+1}^{-1} y_{t+1}$$

$$(3.57)$$

对于 $t = 1, \ 2, \ \cdots, \ T - 1$，$p \ (y^{t+1,T} | X_t, \ K_1^T)$ 独立于 $K_1^{1,t}$，其可以

表示为：

$$p(y^{t+1,T} \mid X_t, K_1^T) \propto \exp\{(-X_t'\Omega_t X_t - 2\mu_t'X_t)/2\} \tag{3.58}$$

c. 卡尔曼滤波得到 R_t、J_t、M_t、V_t，并计算混合创新项 K_1^T 条件后验分布。对于 $V_0 = 0$，$M_0 = 0$，$t = 1, 2, \cdots, T$，递归运算可以得到 R_t、J_t、M_t、V_t：

$$R_t = Z_t'v_{t=1}Z_t + Z_t'\Gamma_t\Gamma_t'Z_t + \gamma_t^2 \tag{3.59}$$

$$J_t = V_{t=1}Z_t + \Gamma_t\Gamma_t'Z_t \tag{3.60}$$

$$M_t = (I - J_tZ_t')M_{t-1} + J_ty_t \tag{3.61}$$

$$V_t = V_{t=1} + \Gamma_t\Gamma_t' - J_tJ_t'R_t \tag{3.62}$$

由此得到：

$$p(y_t \mid y^{1,t-1}, K_1^{1,t}) \propto R_t^{-1/2}\exp\left\{-\frac{1}{2R_t}(y_t - Z_t'M_{t-1})^2\right\} \tag{3.63}$$

从而可以计算出对于 $t = 1, 2, \cdots, T$，$p(y_t \mid y^{1,t-1}, K_1^{1,t})$ 的似然值。

进而，当 V_t 的行列式大于 0 时，取 $T_t = chol(V_t)$，否则取 $T_t = 0$，则在 K_1^T 已知的条件下，$X_t = M_t + T_t\xi_t$，且 $\xi_t \sim N(0, I)$ 独立于 $y^{1,t}$。记 $\Phi_t = T_t'(\mu_t - \Omega_t M_t)$，则有：

$$p(y^{t+1,T} \mid y^{1,t}, K_1^T) = \int p(y^{t+1,T} \mid X_t, K_1^{t+1,T})p(\xi_t \mid K_1^{1,t})d\xi_t$$

$$\propto |T_t'\Omega_t T_t|^{-1/2}\exp\{-(M_t'\Omega_t M_t) - 2\mu_t'M_t - \Phi_t'(T'\Omega_t T + I)^{-1}\Phi_t/2\} \tag{3.64}$$

故式（3.55）$p(K_{1t} \mid y^T, K_{1i\neq t}^T) \propto p(y_t \mid y^{1,t-1}, K_1^{1,t})\ p(y^{t+1,T} \mid y^{1,t}, K_1^T)\ p(K_{1t} \mid K_{1i\neq t}^T)$ 右边前两项的似然值分别可以由式（3.63）和式（3.64）计算出来，而第 3 项为先验信息。从而可以实现在某一时候 K_{1t} 的条件抽取。用更新后的 K_{1t} 更新 Γ_{1t}，进而更新 R_t、M_t、V_t，实现 $t = 1, 2, \cdots, T$ 的 K_{1t} 的抽取。

（3）第 3 步，对 MI – TVP – SV – VAR 模型时变系数 X^T 进行抽样

当 y^T、A^T、$\sum^T$、K_1^T、v 已知时，则 MI – TVP – SV – VAR 模型成为经典的状态空间模型，在误差项服从正态分布的假设下，对 X_t 的抽样采用 Carter，Kohn（1994）的算法进行。X_t 的联合后验密度为：

$$p(X^T \mid y^T, A^T, \sum{}^T, K_1^T, v)$$

$$= p(X_T \mid y^T, A^T, \sum{}^T, K_1^T, v) \prod_{t=1}^{T-1} p(X_t \mid X_{t+1}, y^T, A^T, \sum{}^T, K_1^T, v) \quad (3.65)$$

其中，X_t 的条件分布即为正态分布，$X \mid y^T$、A^T、$\sum^T$、K_1^T、$v \sim$ N $(X_{t \mid t+1}$，$P_{t \mid t+1})$。

计算的过程为：从初始值 $X_{0 \mid 0}$ 和 $P_{0 \mid 0}$ 开始，运用卡尔曼向前预测公式和滤波公式，从 $t = 1$，2，$\cdots$，T，逐步计算 $X_{t \mid t-1}$、$P_{t \mid t-1}$、$X_{t \mid t}$、$P_{t \mid t}$，最后一步将得到 $X_{T \mid T}$、$P_{T \mid T}$，在此基础上形成 p（$X_T \mid y$，A，$\sum$，K_1，v）中 X_T 的抽样。然后使用卡尔曼平滑算法进行向回递推，对于 $t = T - 1$，$\cdots$，1，依次得到 $X_{t-1 \mid t}$、$P_{t-1 \mid t}$，在此基础上形成 p（$X_t \mid y^T$，A^T，$\sum^T$，K_1^T，v）中 X_t 的抽样。通过此步骤最终实现整个的一次条件抽样。

（4）第 4 步，对 MI – TVP – SV – VAR 模型的协方差 Q 进行抽样

Q 的抽样无须运用卡尔曼滤波方法，在 X_t 已经抽取的条件下直接利用先验分布和数据信息即可实现信息更新。因为 Q 服从 Inverse – Wishart 分布，则 Q^{-1} 服从 Wishart 分布。假定 Q^{-1} 服从先验分布，即 $Q^{-1} \sim Wish$（$\underline{Q}^{-1}$，V_Q），则其后验分布为：

$$Q^{-1} \mid X^T \sim Wish(\overline{Q}^{-1}, \overline{V}_Q) \quad (3.66)$$

其中，$\overline{V}_Q = \underline{V}_Q + T$，$\overline{Q}^{-1} = \underline{Q}^{-1} + \sum_{t=1}^{T}$（$X_t - X_{t-1}$）（$X_t - X_{t-1}$）$'$。

（5）第 5 步，对 MI – TVP – SV – VAR 模型的混合创新项 K_2 进行抽样

随机方差模型的量测方程是非线性方程，根据 Primiceri（2005），在 K_2 已知的条件下，可以将其变换为线性形式的方程，以方程进行抽样。对于量测方程：

$$A_t(y_t - Z_t X_t) = \sum_t \varepsilon_t \qquad (3.67)$$

在 A_t 和 X_t 已知的条件下，计算方程左边，记其值为 y_t^*，从而式（3.67）变换为：

$$y_t^* = \sum_t \varepsilon_t \qquad (3.68)$$

对于每个方程，都有：

$$(y_{it}^*)^2 = \sigma_{it}^2 \eta_{it}^2 \qquad (3.69)$$

两边取自然对数得：

$$\ln((y_{it}^*)^2) = 2\log(\sigma_{it}) + \log(\eta_{it}^2) \qquad (3.70)$$

因为 y_{it}^* 可能取 0，加 0.001 以防无法取对数，记 $y_{it}^{**} = \ln\left((y_{it}^*)^2\right) + 0.001$。0.001 是非常小的数，不会影响结论。取 $h_{it} = \log(\sigma_{it})$，$e_{it} = \log(\eta_{it}^2)$，我们可以得到随机方差模型的量测方程：

$$y_{it}^{**} = 2h_{it} + e_{it} \qquad (3.71)$$

结合随机方差模型的状态方程：

$$h_{it} = h_{it-1} + K_{2t}\xi_{it} \qquad K_{2t} \in \{0,1\} \qquad (3.72)$$

将随机方差模型的量测方程和状态方程写成列向量的形式：

$$y_t^{**} = 2h_t + e_t$$
$$h_t = h_{t-1} + K_{2t}\xi_t \qquad K_{2t} \in \{0,1\} \qquad (3.73)$$

在 X_t 和 A_t 已知的条件下，可以求得 y_t^{**}，则将 y_t^{**} 视为观测值，状态空间模型式（3.48）的结构与抽取 K_1 式基本相同，因此可以采取与抽取 K_1 的状态方程系数的方法相似的方法，抽取 K_2。

（6）第 6 步，对 MI‐TVP‐SV‐VAR 模型的随机方差项 $\sum^T$ 进行抽样

经过第 5 步的抽样，我们得到了 K_2，在这个基础上，进一步抽取 h_t。

由于 η_{it} 服从标准正态分布, 则 $\log(\eta_{it}^2)$ 服从对数卡方分布。此时状态方程系统是线性的, 但分布是非正态的。又由于 η_{it} 的协方差矩阵为单位矩阵, $\log(\eta_{it}^2)$ 的协方差矩阵也将是对角矩阵, 根据 Kim 和 Nelson (1999), 可以通过七个正态分布来模拟 $\log(\eta_{it}^2)$ 的分布。对于每个方程的每一次抽样, 依据上次抽样值判断采用何种形式的正态分布, 在确定采取何种正态分布以后, 状态方程系统仍是线性高斯的, 可直接使用标准的卡尔曼滤波算法对 $\log(\eta_{it}^2)$ 进行递归抽样, 具体可参见 Kim 和 Nelson (1999)。此时 h_t 抽样与 X_t 抽取的方式完全一致, 因而不再赘述。

（7） 第 7 步, 对关于 $\sum^T$ 的状态方程的误差项的方差 W 进行抽样

通过第 6 步的抽取, 在得到 $\sum^T$ 以后, 以 $\sum^T$ 为条件就可以直接利用后验分布实现 W 的抽取。对于 $h_t = h_{t-1} + K_{2t}\xi_t$, 先验分布 $\underline{W}^{-1} \sim Wish$ $(\underline{W}^{-1}, \underline{V}_W)$, 其后验分布为:

$$W^{-1} \mid h \sim Wish(\overline{W}^{-1}, \overline{V}_W) \tag{3.73}$$

其中, $\overline{V}_W = \underline{V}_W + T$, $\overline{W}^{-1} = \underline{W}^{-1} + \sum_{t=1}^T (h_t - h_{t-1})(h_t - h_{t-1})'$。

（8） 第 8 步, 对关于 A_t 的状态方程的混合创新项 K_3^T 进行抽样

对于矩阵 A_t 的抽样借助精巧的变化。本书采用 Primiceri (2005) 的方法, 对式 (3.47) 进行变换:

$$y_t = Z_t X_t + A_t^{-1} \sum_t \varepsilon_t \tag{3.74}$$

进行移项变换:

$$A_t(y_t - Z_t X_t) = \sum_t \varepsilon_t \tag{3.75}$$

在 X_t 已知的条件下, 求得 $\hat{y}_t = y_t - Z_t X_t$, 则式 (3.75) 变换为:

$$A_t \hat{y} = \sum_t \varepsilon_t \tag{3.76}$$

由于 A_t 是主对角线上元素全为 1 的下三角矩阵, 通过 $A_t = I_n - A_t^*$, 可以将 A_t 分解为单位矩阵和主对角线上元素全为 0 的下三角矩阵 A_t^* 之差。将 $A_t = I_n - A_t^*$ 代入式（3.76），并进行变换得到：

$$\dot{y}_t = A_t^* \dot{y} + \sum\nolimits_t \varepsilon_t \tag{3.77}$$

式（3.77）可以细分解为：

$$
\begin{bmatrix} \dot{y}_{1t} \\ \dot{y}_{2t} \\ \dot{y}_{3t} \\ \vdots \\ \dot{y}_{nt} \end{bmatrix} =
\begin{bmatrix} 0 & 0 & 0 & \cdots & 0 \\ -\alpha_{21,t} & 0 & 0 & \cdots & 0 \\ -\alpha_{31,t} & -\alpha_{32,t} & 0 & \cdots & 0 \\ \vdots & \vdots & \vdots & \ddots & \vdots \\ -\alpha_{n1,t} & -\alpha_{n2,t} & -\alpha_{n3,t} & \cdots & 0 \end{bmatrix}
\begin{bmatrix} \dot{y}_{1t} \\ \dot{y}_{2t} \\ \dot{y}_{3t} \\ \vdots \\ \dot{y}_{nt} \end{bmatrix} + \sum\nolimits_t \varepsilon_t \tag{3.78}
$$

对等式右边第一项进行重新组合得到：

$$
\begin{bmatrix} \dot{y}_{1t} \\ \dot{y}_{2t} \\ \dot{y}_{3t} \\ \vdots \\ \dot{y}_{nt} \end{bmatrix} =
\begin{bmatrix} 0 & 0 & 0 & \cdots & 0 \\ -\dot{y}_{[1]t} & 0 & 0 & \cdots & 0 \\ 0 & -\dot{y}_{[1,2]t} & 0 & \cdots & 0 \\ \vdots & \vdots & \vdots & \ddots & 0 \\ 0 & 0 & 0 & \cdots & -\dot{y}_{[1,n-1]t} \end{bmatrix}
\begin{bmatrix} \alpha_{21,t} \\ \alpha_{31,t} \\ u_{32,t} \\ \vdots \\ \alpha_{n(n-1),t} \end{bmatrix} + \sum\nolimits_t \varepsilon_t \tag{3.79}
$$

其中，$\dot{y}_{[1]t} = [\dot{y}_{1t}]$，$\dot{y}_{[1,2]t} = [\dot{y}_{1t}\ \dot{y}_{2t}]$，$\cdots$，$\dot{y}_{[1,n-1]t} = [\dot{y}_{1t}\ \dot{y}_{2t}\ \cdots\ \dot{y}_{(n-1)t}]$。

则结合状态方程 $\alpha_{t+1} = \alpha_t + K_{3t}\varsigma_t$，式（3.79）从第 2 行开始，每行都构成了状态空间模型。

其中，式（3.79）第 2 行对应的状态空间模型为：

$$
\begin{aligned}
\dot{y}_{2t} &= -\alpha_{21}\dot{y}_{1t} + h_{21}\varepsilon_{2t} \\
\alpha_{21,t} &= \alpha_{21,t-1} + K_{3t}\zeta_{21,t}
\end{aligned} \tag{3.80}
$$

其中，式（3.79）第 3 行对应的状态空间模型为：

$$
\begin{aligned}
\dot{y}_{3t} &= -\alpha_{31}\dot{y}_{1t} - \alpha_{32}\dot{y}_{2t} + h_{31}\varepsilon_{3t} \\
\alpha_{31,t} &= \alpha_{31,t-1} + K_{3t}\zeta_{31,t} \\
\alpha_{32,t} &= \alpha_{32,t-1} + K_{3t}\zeta_{32,t}
\end{aligned} \tag{3.81}
$$

在 X_t 和 A_t 已知的条件下，可以求得 $\dot{y}_t$，则将 $\dot{y}_t$ 视为观测值，因而状态空间模型式（3.81）的结构与抽取 K_1 式基本相同，因此可以采取与抽取 K_1 的状态方程系统的方法相似的方法，抽取 K_3。

（9）第 9 步，对状态方程的同期关系矩阵 A_t 进行抽样

式（3.79）的其余各行可以依此类推。但对于这些状态空间模型进行抽样，Primiceri（2005）认为，需要额外假设不同方程的参数是独立的。这意味着 VAR 模型中同一方程的同期系数可以相关，不同方程的同期参数是独立的。这一点可以通过将 W 表示成块对角矩阵来实现。此时，式（3.79）各行构成的状态空间模型依然是标准的，可采用卡尔曼滤波对每一状态模型进行抽样。抽样方法与对 X_t 的抽样方法相同。但与 X_t 不同的是，X_t 的抽样可以一次完成，而对 α_t 的抽样需要分行完成。对于 n 维变量的 MI - TVP - SV - VAR 模型，需要抽取 $n-1$ 次。

（10）第 10 步，对关于 A_t 的状态方程的误差项的方差 S 进行抽样

通过第 6 步的抽取，在得到 α 以后，以 α 为条件就可以直接利用后验分布实现 S 的抽取。对于 $\alpha_t = \alpha_{t-1} + K_{3t}\varsigma_t$，先验分布是 $S^{-1} \sim Wish$ $(\underset{\sim}{S}^{-1}, V_S)$，其后验分布为：

$$S^{-1}\,|\,\alpha \sim Wish(\bar{S}^{-1}, \bar{v}_s) \tag{3.82}$$

其中，$\bar{V}_S = \underset{\sim}{V}_S + T$，$\bar{S}^{-1} = \underset{\sim}{S}^{-1} + \sum_{t=1}^{T}\ (\alpha_t - \alpha_{t-1})\ (\alpha_t - \alpha_{t-1})'$。

（11）第 11 步，返回第 2 步，开始下一次迭代

上述程序完成了对参数 X^T、A^T、$\sum^T$、K_1^T、K_2^T、K_3^T 以及超参数 Q、S、W 中各矩阵的一次抽样，从而实现了一次完整的参数更新。大量重复抽样过程，最终抽取的样本可作为从这些参数联合后验分布中抽取的样本。MCMC 算法能够确保通过迭代最终达到稳态的分布。达到稳态分布时，抽样可以视为独立同分布的抽取，因而可以通过计算各次抽样的相关性来判断是否达到稳态。稳态之前的抽样直接舍去。假设重复上述抽样 50000 次，舍弃初始的 20000 次抽样，保留其中的 30000 次抽样，则可以通过此 30000 次样本构造每个参数的后验高密度区间（即置信区间），对这些样本取均值，可以得到这些参数的后验均值。

3.5.3　MI – TVP – SV – VAR 模型脉冲响应函数计算

（1）MI – TVP – SV – VAR 模型脉冲响应函数的基本思想

在 MI – TVP – SV – VAR 模型全部参数都被估计出来以后，接下来就是要计算其脉冲响应函数值。在标准的 VAR 模型中，脉冲响应函数值可以直接从向量移动平均（VMA）表达式中得到。然而在 MI – TVP – SV – VAR 模型中，VMA 系数也是时变的，从而导致其脉冲响应函数值也是时变的。

假设标准 VAR 所对应的 VMA 表达式如下：

$$y_t = \sum_{i=0}^{\infty} \theta_i u_{t-i} \tag{3.83}$$

那么在以后 h 期的脉冲响应就可用 θ_h 来反映。在 MI – TVP – SV – VAR 模型中，各个时期所对应的 VMA 表达式如下：

$$y_t = \sum_{i=0}^{\infty} \theta_{t,i} u_{t-i} \tag{3.84}$$

由式（3.84）可知，MI – TVP – SV – VAR 模型在各个时期的脉冲响应函数值是不一样的。因此在对 MI – TVP – SV – VAR 模型进行脉冲响应分析时，我们需要做出各个时期的脉冲响应立体图并进行分析。

（2）MI – TVP – SV – VAR 模型脉冲响应函数的计算公式

由于在 MI – TVP – SV – VAR 模型中，各个时期的 VAR 系数及误差的协方差矩阵都是变化的，那么由 VAR 系数及误差的协方差矩阵所决定的各期的脉冲响应函数也将不同。MI – TVP – SV – VAR 模型中各个时期的脉冲响应函数可从估计出的 VAR 系数及误差的协方差矩阵中，经过简单的推导得到。具体而言，假设我们在估计出时期 t 的 X^T、A^T、Σ^T 后，其对应的脉冲响应函数则可按如下的方法得到：

根据 X^T 我们可以得到标准的 VAR 系数，设其为 X_{1t}，X_{2t}，$\cdots$，X_{pt}，那么 VAR 方程则可写为：

$$y_t = X_{1t}y_{t-1} + X_{2t}y_{t-2} + \cdots + X_{pt}y_{t-p} + \varepsilon_t \tag{3.85}$$

其中，ε_t 为误差项，且 $\varepsilon_t = X_t^{-1}\sum_t u_t$，其中的 u_t 为 $n \times 1$ 的列向量，其中的各元素都服从均值为 0、方差为 1 的标准正态分布，且其中的各元素是相互对立的。

对式（3.85）进行变形则得到：

$$(I_k - X_{1t}L - \cdots - X_{pt}L^p)y_t = A_t^{-1}\sum_t u_t \tag{3.86}$$

式（3.86）则可转换成 VMA 的形式：

$$y_t = (I_k + C_{1t}L + C_{2t}L^2 + \cdots)A_t^{-1}\sum_t u_t$$
$$= (A_t^{-1}\sum_t + C_{1t}A_t^{-1}\sum_t L + C_{2t}A_t^{-1}\sum_t L^2 + \cdots)u_t \tag{3.87}$$

而在式（3.87）中：

$$C_{1t} = X_{1t}, C_{2t} = X_{1t}C_{1t} + X_{2t}, \cdots, C_{qt} = X_{1t}C_{(q-1)t} + \cdots + X_{pt}C_{(q-p)t} \tag{3.88}$$

特别说明，当 $q - p = 0$，令 $C_{(q-p)t} = I_n$，而当 $q - p < 0$，$C_{(1-p)t} = 0_n$。

根据上述方法，我们就可以得到在时期 t 时，MI – TVP – SV – VAR 模型所对应的脉冲响应函数值。

3.6　国内外基于 MI – TVP – SV – VAR 模型的经验研究综述

3.6.1　国外学者基于 MI – TVP – SV – VAR 模型的经验研究综述

自 20 世纪 90 年代后期时变成分被引入 VAR 模型分析以来，近 20 年过去了，国外学者将 MI – TVP – SV – VAR 模型主要用于货币供应量、利率、通货膨胀、经济增长、就业等宏观经济变量的动态关系的经验研究，货币政策对通货膨胀、经济增长和就业的宏观冲击效应，以及金融状况指数构建研究。通过综合梳理这些文献，我们可以将国外学者对 MI - TVP - SV - VAR 模型的经验研究大致分为三个阶段，分别如下。

（1）第一阶段，构建时变单个参数的向量自回归模型并进行经验研究阶段

在这个阶段，Cogley 和 Sargent（2005）突出地提出时变系数向量自回归模型（TVP - VAR 模型），并对美国通货膨胀、失业和名义短期利率之间动态关系进行了经验研究，研究发现美国货币政策的传导机制具有时变特征，同类研究还有 Lubik 和 Schorfheide（2004），Boivin 和 Giannoni（2006）等的文章。Sims（2001）和 Stock（2001）对 Cogley 和 Sargent（2005）将常数方差的假设作为 VAR 的结构性冲击提出质疑，并担心由于忽视可能的方差变化时变系数，其可能被夸大。针对这种情况，Sims 和 Zha（2006）考虑到外部冲击的时变特征将 VAR 模型扩展为带有随机方差的 VAR 模型（SV - VAR 模型），对美国货币政策的冲击效应进行了实证研究，发现美国货币政策对通货膨胀的冲击效应存在结构变化。Nakajima，Kasuya 和 Watanabe（2011）使用 TVP - VAR 模型对日本的宏观经济数据进行了经验研究，发现预测效果最佳。总之，这个阶段的显著特点是国外学者只对单个参数做出时变或者随机的假定，并基于该模型对宏观经济变量之间的动态关系进行经验研究。

（2）第二阶段，构建时变多个参数的向量自回归模型并进行经验研究阶段

在这个阶段，Primiceri（2005）首次同时考虑了货币政策的传导机制和外部冲击的时变特征，构建了 3 个参数时变的向量自回归（TVP - SV - VAR）模型，并基于这个模型对美国货币政策进行了经验研究发现，美国系统和非系统货币政策都具有时变特征，同时外部的非货币政策冲击比利率货币政策冲击更能有效解释最近几十年来的美国的高通货膨胀和失业潮。自 Primiceri（2005）引入多个参数时变的向量自回归模型后，多篇文献基于该模型以各自的特定方式对宏观经济变量之间的动态关系进行了实证分析。Cogley 和 Sargent（2005）构建了两个参数时变的向量自回归模型（TVP－SV－VAR 模型），对美国货币政策冲击效应进行了分析；Benati 和 Mumtaz（2005）根据施加了符号约束的TVP－SV－VAR 模型的脉冲响应函数值，分析了英国"大稳定"的根源以及通货膨胀预测的不确定性（也可参见 Benati 和 Luca，2008）；Baumeister，Durinck 和 Peersman（2008）基于 TVP－SV－VAR 模型研究了欧元区的流动性过剩对资产价格与通货膨胀的动态冲击效果，发现其对现实的解释力极强；D'Agostino，Gambetti 和 Giannone（2013）比较了 TVP－SV－VAR 模型与其他标准的 VAR 对通货膨胀、失业率和利率的预测能力，发现前者的预测效果最佳；Nakajima（2011）使用 3 个参数的向量自回归模型（TVP－SV－VAR 模型）对日本的宏观经济变量进行实证研究发现，它们之间的动态关系发生了结构变化。总之，这个阶段的显著特点是国外学者对两个或者两个以上的参数做出时变或者随机的假定，并基于该模型对宏观经济变量之间的动态关系进行经验研究。

（3）第三阶段，构建灵活时变多个参数的向量自回归模型并进行经验研究阶段

在这个阶段，Koop，Leon-Gonzalez 和 Strachan（2009）首次构建了混合创新的时变系数和随机方差的向量自回归（MI－TVP－SV－VAR）模型。这个模型与其他各种扩展的 VAR 模型不同之处是向量自回归模型各个参数是否发生时变具有高度的灵活性，这种高度的灵活性主要表现为两个方面。①MI－TVP－SV－VAR 模型各个参数演进机制的灵活性。与 TVP－VAR 模型、TVP－SV－VAR 模型等 VAR 扩展模型事先对各个参数的具体演进方式进行人为假定不同，MI－TVP－SV－VAR 模型各个参数演进机制是根据 Gerlach，Carter 和 Kohn（2000）及 Giordani 和 Kohn（2006）提出的混合创新方法的数据中估计出来的，因此，各个参数是否发生结构变化，由数据本身来决定，而不是由研究者事先决定，从而更好地体现"让数据说话"的思想。②MI－TVP－SV－VAR 模型具体形式具有灵活性。该模型对传统的 VAR 模型及其各种形式的扩展具有高度的包容性，VAR 模型的传统形式以及各种扩展形式成为该模型的特例，也就是说该模型的具体形式变得灵活多样。同时，Koop，Leon-Gonzalez 和 Strachan（2009）使用 MI – TVP – SV – VAR 模型对美国宏观经济变量通货膨胀、失业和利率之间的动态关系进行了实证分析，发现美国这些动态关系不仅在回归系数上具有间断的时变性特征，而且在回归误差的协方差上具有间断的随机性。总之，在这个阶段的显著特点是国外学者对两个或者两个以上的时变参数或者随机的演进机制没有施加约束条件，其具有灵活性，在计量经济学方法论上更具先进性，并且国外学者基于该模型对宏观经济变量之间的动态关系进行经验研究。

3.6.2　国内学者基于 MI – TVP – SV – VAR 模型的经验研究综述

自罗毅丹和樊琦（2010）将 MI – TVP – SV – VAR 模型引入中国后，7 年多时间过去了，中国几乎鲜见使用完整的 MI – TVP – SV – VAR 模型对中国金融和经济问题进行实证分析的，更没有使用该模型来分析中国金融和经济动态关系的，主要使用 MI – TVP – SV – VAR 模型的特例模型进行时变动态研究。具体综述如下。

（1）基于 MI – TVP – SV – VAR 模型的实证分析

自罗毅丹和樊琦（2010）将 MI – TVP – SV – VAR 模型引入中国后，到目前为止，MI – TVP – SV – VAR 模型在中国还处于引进、消化和吸收阶段，还没有开展拓展和创新研究。虽然少量文献对这个模型进行了介绍，但几乎鲜见使用完整 MI – TVP – SV – VAR 模型进行实证分析的。一个完整的 MI – TVP – SV – VAR 模型应该含有 3 个混合创新项［即 MI（3）］，3 个状态向量［即 1 个系数状态向量 TVP（1），2 个波动状态向量 SV（2）］。罗毅丹（2010），罗毅丹和樊琦（2010）首次基于完整的 MI – TVP – SV – VAR 模型［即 MI（3）– TVP（1）– SV（2）– VAR 模型］，实证分析了中国货币政策对通货膨胀与 GDP 的冲击效应，发现其具有渐进的时变特征，并且随着时间推移，短中期效应有所弱化。闫彬彬（2013）则使用具有 2 个混合创新项的 MI – TVP – SV – VAR 模型［即 MI（2）– TVP（1）– SV（2）– VAR 模型］对中国信贷冲击进行了实证分析，发现不同时期中国信贷冲击传导具有时变特征。周德才、冯婷和邓姝姝（2015）鉴于目前研究缺乏灵活动态性，从通胀控制目标出发，引进 MI – TVP – SV – VAR 模型，选取 5 个金融变量，估计其每一期的灵活动态权重，构建中国灵活动态金融状况指数，并分析它对通胀率的预测能力。经验分析结果表明，利率和房价的权重相对较大，反映出货币政策依然倚重于价格型传导渠道；FCI 与通货膨胀有很高的相关性，且领先通胀 1~7 个月，能够很好地预测通胀。该文建议政府机构定期构建中国灵活动态金融状况指数并将其应用于通货膨胀预测。

（2）基于 TVP – SV – VAR 模型的实证分析

虽然使用完整的 MI – TVP – SV – VAR 模型进行实证分析的文献鲜见，但是使用其特例模型的文献还是比较多的。这些模型主要将之应用于中国宏观经济变量之间的互动关系。如黄威和陆懋祖（2011）使用 TVP – SV – VAR 模型对中国财政支出政策冲击效应的动态变化进行了实证分析，发现冲击效应的时变趋势特征较弱，而随机方差特征强；杨玉明（2012）采用 TVP – SV – VAR 模型实证分析了中国通货膨胀、国民产出和货币投放量三者之间的相关关系，发现三者之间存在较强的时变特征；钱燕和万解秋（2014）以 1996 年 1 月至 2012 年 12 月的数据为基础，建立了 TVP – SV – VAR 模型，考察了货币供应、通货膨胀和经济增长的互动关系，这表明它们之间相互影响具有时变特征，其演进机制是逐渐弱化的。陈守东、易晓溦和刘洋（2014）基于 TVP – SV – VAR 模型研究了货币供给冲击作用下中国货币政策传导的动态响应机制，实证结果表明，中国的货币传导机制具有明显的时变效应。

（3）基于 TVP – VAR 模型的实证分析

到目前为止，虽然有少量文献使用 MI – TVP – SV – VAR 模型较复杂的特例模型（即 TVP – SV – VAR 模型）对中国金融和经济各个宏观变量的互动关系进行实证分析，但更多的是使用该模型的较简单的特例（即 TVP – VAR 模型）来进行实证分析，这表明中国 MI – TVP – SV – VAR 模型的应用研究还处于初步阶段，还有待进一步发展提高。如孙焱林、陈普和熊义明（2011）使用 TVP – VAR 模型对中国宏观经济变量相关关系进行了实证分析，发现中国供给和需求冲击对 GDP 和价格影响是时变的，且符合经典的宏观经济理论；陈宗义（2012）使用 TVP – VAR 模型，并基于 2001 年 6 月至 2011 年 3 月的数据实证分析发现人民币汇率对中国长期贸易顺差的影响微小，即汇率非重要；牟敦果和林伯强（2012）基于 TVP – VAR 模型研究了工业增加值、电力消费量和煤炭价格之间的互动影响，研究结果证明，三者之间的关系是时变的，但随中国经济基础的发展而存在较大的变化；刘达禹（2013）基于 TVP – VAR 模型研究了中国经济增长率动态波动机制，研究结果表明，中国通货膨胀、货币供应量和投资等宏观经济变量对经济增长率具有时变特征，但其渐进机制是突变的；席旭文（2013）通过建立 TVP – VAR 模型实证分析货币政策对经济波动、通货膨胀和失业影响的变动趋势和特征发现，中国货币政策对于通货膨胀率和产出缺口调控效果具有明显的时变性，而对于失业率则没有明显的时变性；王飞、宋佳丽和马明卫（2013）采用 TVP – VAR 研究经济产出、水资源消费和水价的时变关系，研究结果表明，它们之间的互动关系具有动态特征；邓创、席旭文（2013）基于 TVP – VAR 模型实证分析了利率政策对中美产出和通货膨胀的冲击效应，发现中美货币政策的外溢效应存在本质区别且表现出显著的时变特征。

3.7　本章小结

本章对 Koop，Leon-Gonzalez 和 Strachan（2009），罗毅丹（2010），罗毅丹和樊琦（2010）等国内外首次提出 MI – TVP – SV – VAR 模型的文献进行了系统总结，为后文构建中国灵活动态金融状况指数提供了计量模型基础。本章主要介绍了 MI – TVP – SV – VAR 模型产生的背景、发展脉络、参数估计框架和算法介绍、先验信息和初始值设定、参数估计，以及国内外基于 MI – TVP – SV – VAR 模型的经验研究综述。

第4章　构建灵活动态测度模型和测度方法

4.1　传统金融状况指数的静态测度模型和测度方法

传统金融状况指数（FCI）的静态测度模型和测度方法是本书构建灵活动态金融状况指数的灵活动态测度模型和测度方法的基础和借鉴。Goodhart 和 Hofmann（2001）提出了传统金融状况指数（FCI）的静态编制公式，即把传统金融状况指数（FCI）各个构成金融变量的静态脉冲函数累计值在所有变量的全部累计值中的比值作为权重，对构建金融状况指数的各个金融变量静态加权平均，最终测度得到静态金融状况指数（FCI）。传统金融状况指数（FCI）的特点就是每一期的权重系数都是一样的，即静态的。

4.1.1　传统金融状况指数的静态测度模型

在 Freedman（1994）提出的货币状况指数（MCI）基础上，Goodhart 和 Hofmann（2001）提出构建传统金融状况指数（FCI）的静态测度模型和测度方法，后来对此进行了一些改进。

构建传统金融状况指数（FCI）的静态测度模型定义如下：

$$FCI_t = \sum_i^n w_i (X_{it} - \bar{X}_{it}) \text{,其中：} w_i = \frac{\sum_{j=1}^{M} \Phi_{ij}}{\sum_i \left| \sum_{j=1}^{M} \Phi_{ij} \right|} \qquad (4.1)$$

其中，X_{it} 为第 i 个金融变量在 t 时期的值；n 为金融变量的个数；$\bar{X}_{it}$ 为第 i 个金融变量在 t 时期的长期趋势或均衡价格；w_i 为第 i 个金融变量的权重系数，且 $\sum |w_i| = 1$；Φ_{ij} 是经济变量在第 j 期对来自第 i 个金融变量的一个传统差冲击的脉冲响应函数值；M 为脉冲响应期数。金融变量全部是金融价格变量，分别是利率、汇率、股票价格和房地产价格。传统金融状况指数（FCI）上升表示一个国家或者地区的金融状况趋于紧缩，反之则表示趋于宽松。

4.1.2　传统金融状况指数的静态测度方法

在传统金融状况指数（FCI）的静态测度模型的基础上，本书总结了构建传统金融状况指数（FCI）的静态测度方法。

第一步，选择经过处理好的样本数据，主要使用常系数的 VAR 模型进行估计，得到它们之间的静态脉冲响应函数值。

第二步，利用构成 FCI 各个状态变量的静态脉冲函数累计值在全部累计值中的比值，计算出各个状态变量的静态权重。

第三步，将静态权重代入式（4.1）中得到静态 FCI。

4.2　中国传统金融状况指数的静态测度模型和测度方法

4.2.1　中国传统金融状况指数的静态测度模型

自 1996 年中国正式把货币供应量定为货币政策中介目标开始，中国人民银行就一直通过调控货币供给量来稳定物价、实现经济增长。考虑到这个实际情况，中国学者在 Goodhart 和 Hofmann（2001）提出的测度模型基础上，添加货币供应量这一金融变量，以充分反映货币因素对中国通胀的影响，最终得到构建中国传统金融状况指数（CFCI）的静态数量模型。该测度模型与式（4.1）基本相同，这里不再详细介绍，这些内容可以在大量中文文献中查到。

构建中国传统金融状况指数（CFCI）的静态测度模型定义如下：

$$CFCI_t = \sum_{i}^{n} w_i Xgap_{it}, \text{其中：} w_i = \frac{\sum_{j=1}^{M} \Phi_{ij}}{\sum_{i} \left| \sum_{j=1}^{M} \Phi_{ij} \right|} \tag{4.2}$$

其中，$Xgap_{it}$ 为第 i 个金融变量在 t 时期的缺口值；w_i 为第 i 个金融变量的权重系数，且 $\sum |w_i| = 1$；Φ_{ij} 是经济变量在第 j 期对来自第 i 个金融变量的一个标准差冲击的标准或者广义脉冲响应函数值；M 为脉冲响应期数。这里的金融变量既有金融价格变量，又有金融数量变量，主要包括货币供应量、利率、人民币有效汇率、房地产价格缺口和股票价格等。中国传统金融状况指数（CFCI）上升表示中国金融状况趋于紧缩，反之则表示趋于宽松。

4.2.2　中国传统金融状况指数的静态测度方法

在中国传统金融状况指数（CFCI）的静态测度模型的基础上，本书总结了构建中国传统金融状况指数（CFCI）的静态测度方法。

第一步，选择经过处理好的样本数据，主要使用常系数的 VAR 模型进行估计，得到它们之间的广义静态脉冲响应函数值。

第二步，利用构成中国传统金融状况指数（CFCI）各个金融变量的广义静态脉冲函数累计值在全部累计值中的比值，计算出各个状态变量的广义静态权重。

第三步，将广义静态权重代入式（4.2）中得到中国传统金融状况指数（CFCI）。

4.3　简单动态金融状况指数的简单动态测度
模型和测度方法

4.3.1　简单动态金融状况指数的简单动态测度模型

简单动态金融状况指数（Simple Dynamics FCI，SDFCI）的简单动态测度模型和测度方法是本书构建灵活动态金融状况指数（FDFCI）的灵活动态测度模型和测度方法进一步的基础和借鉴，通过适当改进简单动态金融状况指数（SDFCI）的简单动态测度模型和测度方法，就可以得到灵活动态测度模型和测度方法。在 Goodhart 和 Hofmann（2001）的基础上，一些学者基于时变系数（TVP）模型等简单动态模型，提出了简单动态编制公式，即把简单动态金融状况指数（SDFCI）的各个金融变量的系数估计值与全部系数估计值之和的比值作为权重，进而使用加权平均法编制简单动态金融状况指数（SDFCI），其特点就是每一期的权重系数都是不一样的，但没有考虑变量之间的相互影响，因而是简单动态的。

构建简单动态金融状况指数（SDFCI）的简单动态测度模型定义如下：

$$SDFCI_t = \sum_i^n w_{it} Xgap_{it}，其中：w_{it} = \frac{\beta_{it}}{\sum_{i=1}^M |\beta_{it}|} \tag{4.3}$$

其中，$Xgap_{it}$ 表示第 i 个金融变量在第 t 期的缺口值；w_{it} 为第 i 个金融变量在 t 时期的权重系数，且 $\sum |w_{it}| = 1$；β_{it} 是在第 t 期作为自变量的第 i 个金融变量对通货膨胀等因变量的影响系数。

4.3.2　简单动态金融状况指数的简单动态测度方法

在简单动态金融状况指数（SDFCI）的简单动态测度模型的基础

上，本书总结了构建简单动态金融状况指数（CFCI）的简单动态测度方法。

第一步，选择经过处理好的样本数据，主要使用具有时变系数的TVP模型等简单动态模型进行估计，得到构建简单动态金融状况指数（SDFCI）各个构成金融变量的时变系数。

第二步，利用构成简单动态金融状况指数（SDFCI）各个金融变量的时变系数值在全部时变系数累计值的比值，计算出各个金融变量的简单动态权重。

第三步，将各个金融变量的简单动态权重代入式（4.3）中，得到简单动态金融状况指数（SDFCI）。

4.4　灵活动态金融状况指数的灵活动态测度模型和测度方法

本书根据 MI – TVP – SV – VAR 模型，将静态和简单动态两个测度模型和测度方法，拓展为灵活动态测度模型和测度方法，即把灵活动态金融状况指数（FDFCI）各个金融变量的灵活动态脉冲函数累计值在所有变量的全部累计值中的比值作为权重，进而使用加权平均法编制灵活动态金融状况指数（FDFCI），其特点就是每个金融变量的每一期的权重系数可能不一样，即时而一样，时而不一样，即根据样本数据自身是否发生结构变化，自主决定，而不像静态金融状况指数（FCI）人为假定没有结构变化，也不像简单动态金融状况指数（SDFCI）人为假定时时刻刻都有结构变化。

4.4.1　灵活动态金融状况指数的灵活动态测度模型

考虑到中国正处于全面深化改革发展的新阶段，金融和经济状况正处于"新常态"或者向"新常态"发展，并且从"老常态"向"新常态"的结构变化不像平滑转换模型描述的那样一蹴而就，也不像简单动态模型描述的那样一直在连续发生着结构变化，而实际情况是金融和经济的结构变化是时断时续的，具有随机性。因此，提出了构建中国灵活动态金融状况指数（FDFCI）的灵活动态数量模型和测度方法。

构建中国灵活动态金融状况指数（FDFCI）的灵活动态测度模型定义如下：

$$FDFCI_t = \sum_{i}^{n} w_{it} Xgap_{it} \text{，其中：} w_{it} = \frac{\sum_{j=1}^{M} \Phi_{ijt}}{\sum_{it} \left| \sum_{j=1}^{M} \Phi_{ijt} \right|} \tag{4.4}$$

其中，$Xgap_{it}$ 表示第 i 个金融变量在第 t 期的缺口值；w_{it} 为第 i 个金融变量在 t 时期的权重系数，且 $\sum |w_{it}| = 1$；Φ_{ijt} 是经济变量在 t 期对来自第 i 个金融变量的一个传统差冲击的第 j 期脉冲响应函数值。本书采用的金融变量缺口值包括实际货币供应量（M2gap）、实际利率（NR-gap）、人民币实际有效汇率（REERgap）、实际房地产价格（HPIgap）和实际股票价格（SPIgap）。需要说明的是，这里的灵活动态金融状况指数（FDFCI）的权重系数 w_{it} 从原来的静态的变成灵活动态的，是用灵活动态模型 MI – TVP – SV – VAR 模型估计出来的。

4.4.2 灵活动态金融状况指数的灵活动态测度方法

在灵活动态金融状况指数（FDFCI）的灵活动态测度模型的基础上，本书总结了构建灵活动态金融状况指数（FDFCI）的灵活动态测度方法。

第一步，选择经过处理好的样本数据，主要使用灵活动态的 MI – TVP – SV – VAR 模型进行估计，得到它们之间的灵活动态的脉冲响应函数值。假设样本长度为 T，脉冲响应函数期数为 M 期，抽样的次数为 S 次，因此，每个金融变量的全部脉冲响应函数的个数是 $T \cdot M \cdot S$ 个，数据非常庞大，需要大量运算。

第二步，利用构成灵活动态金融状况指数（FDFCI）各个金融变量的灵活动态的脉冲函数累计值在全部累计值中的比值，计算出各个状态变量的灵活动态权重。

第三步，将灵活动态权重代入式（4.4）中得到灵活动态金融状况指数（FDFCI）。

4.5　构建灵活动态脉冲响应函数

由前文可知，构建灵活动态金融状况指数（FDFCI），就需要先测算出灵活动态脉冲响应函数。由于我们常见的脉冲响应函数是静态的，本书经过适当推广，就得到灵活动态脉冲响应函数。本节的基础知识部分主要参考了高铁梅的著作《计量经济分析方法与建模：EViews 应用及实例》。

4.5.1　静态脉冲响应函数

在实际应用中，由于 VAR 模型是一种非理论性的模型，因此在分析 VAR 模型时，往往不分析一个变量的变化对另一个变量的影响如何，而是分析一个误差项发生变化，或者说模型受到某种冲击时对系统的动态影响，这种分析方法称为脉冲响应函数方法（Impulse Response Function，IRF）。

对于一个一般的 p 阶滞后的向量自回归（VAR（p））模型，其具体表达式如下：

$$y_t = B_1 y_{t-1} + B_2 y_{t-2} + \cdots + B_p y_{t-p} + \varepsilon_t \quad t = 1,2,\cdots,T \qquad (4.5)$$

根据式（4.5），可以得到 VAR（p）模型，其按照 VMA（∞）展开的表达式：

$$y_t = (I_k - B_1 L - B_2 L - \cdots - B_p L^p)^{-1} \varepsilon_t$$
$$= (I_k + A_1 L + A_2 L^2 + \cdots) \varepsilon_t \quad t = 1,2,\cdots,T \qquad (4.6)$$

结合式（4.5）和式（4.6）可知，A_i 和 B_i 之间具有如下关系：

$$A_1 = B_1$$
$$A_2 = B_1 A_1 + B_2$$
$$\vdots \tag{4.7}$$
$$A_q = B_1 A_{q-1} + B_2 A_{q-2} + \cdots + B_P A_{q-P}$$

一般地，如果冲击不是一单位，假定 ε_t 的第一个元素变化 δ_1，第二个元素变化 δ_2，$\cdots$，第 k 个元素变化 δ_k，则时期 t 冲击为 $\delta = （\delta_1, \delta_2, \cdots, \delta_k）'$，而 t 到 $t+q$ 的其他时期没有冲击，向量 $yt+q$ 的脉冲响应函数值表示为：

$$\psi(q, \delta, \Omega_{t-1}) = E(y_{t+q} \mid \varepsilon_t = \delta, \varepsilon_{t+1} = 0, \cdots, \varepsilon_{t+q} = 0, \Omega_{t-1})$$
$$- E(y_{t+q} \mid \varepsilon_t = 0, \varepsilon_{t+1} = 0, \cdots, \varepsilon_{t+q} = 0, \Omega_{t-1}) = A_q \delta \tag{4.8}$$

其中，Ω_{t-1} 表示 $t-1$ 期的信息集合；$q = 0, 1, 2, \cdots, M$。

但是对于上述脉冲响应函数的结果的解释存在一个问题：前面我们假设协方差矩阵 Σ 是非对角矩阵，这意味着扰动项向量 ε_t 中的其他元素随着第 j 个元素 ε_{jt} 的变化而变化，这与计算脉冲响应函数时假定 ε_{jt} 变化，而 ε_t 中其他元素不变化相矛盾。这就需要利用一个正交化的脉冲响应函数来解决这个问题。

一般，最常用的正交化方法是 Cholesky 分解。假设 VAR（p）模型误差项的方差协方差矩阵 Σ 的 Cholesky 分解结果为矩阵 C。

在时期 t 其他变量和早期变量不变的情况下，y_{t+q} 对 y_{jt} 的一个单位的冲击反应为：

$$\psi(q, \delta, \Omega_{t-1}) = A_q C_j \tag{4.9}$$

其中，C_j 是上述 Cholesky 分解得到的矩阵 C 的第 j 列元素。

4.5.2　灵活动态脉冲响应函数

根据前文研究可知，MI - TVP - SV - VAR 模型是 VAR 模型的系数项和误差项实现灵活动态变化的结果。对于一个一般的 p 阶滞后的 MI -

TVP – SV – VAR 模型，其具体表达式如下：

$$y_t = B_{1t}y_{t-1} + B_{2t}y_{t-2} + \cdots + B_{pt}y_{t-p} + \varepsilon_t \quad t = 1,2,\cdots,T \quad (4.10)$$

根据式（4.10），可以得到 MI – TVP – SV – VAR（p）模型按照 VMA（∞）展开的表达式：

$$y_t = (I_k - B_{1t}L - B_{2t}L - \cdots - B_{pt}L^p)^{-1}\varepsilon_t$$
$$= (I_k + A_{1t}L + A_{2t}L^2 + \cdots)\varepsilon_t t = 1,2,\cdots,T \quad (4.11)$$

结合式（4.10）和式（4.11）可知，A_{it} 和 B_{it} 之间具有如下的关系：

$$A_{1t} = B_{1t}$$
$$A_{2t} = B_{1t}A_{1t} + B_{2t}$$
$$\vdots \quad\quad\quad\quad\quad\quad (4.12)$$
$$A_{qt} = B_{1t}A_{q-1,t} + B_{2t}A_{q-2,t} + \cdots + B_{pt}A_{q-p,t}$$

一般地，如果冲击不是一单位，假定 ε_t 的第一个元素变化 δ_{1t}，第二个元素变化 δ_{2t}，…，第 k 个元素变化 δ_{kt}，则时期 t 冲击为 $\delta_t = (\delta_{1t}, \delta_{2t}, \cdots, \delta_{kt})'$，而 t 到 $t+q$ 的其他时期没有冲击，向量 y_{t+q} 的灵活动态脉冲响应函数值表示为：

$$\psi(q,\delta,\Omega_{t-1}) = E(y_{t+q} \mid \varepsilon_t = \delta, \varepsilon_{t+1} = 0, \cdots, \varepsilon_{t+q} = 0, \Omega_{t-1})$$
$$- E(y_{t+q} \mid \varepsilon_t = 0, \varepsilon_{t+1} = 0, \cdots, \varepsilon_{t+q} = 0, \Omega_{t-1}) = A_{qt}\delta_t \quad (4.13)$$

其中，Ω_{t-1} 表示 $t-1$ 期的信息集合；$q = 0$，1，2，…，M。

但是对于上述灵活动态脉冲响应函数的结果的解释存在一个问题：前面我们假设协方差矩阵 Σ 是非对角矩阵，这意味着扰动项向量 ε_t 中的其他元素随着第 j 个元素 ε_{jt} 的变化而变化，这与计算灵活动态脉冲响应函数时假定 ε_{jt} 变化，而 ε_t 中其他元素不变化相矛盾。这就需要利用一个正交化的灵活动态脉冲响应函数来解决这个问题。

一般，最常用的正交化方法是 Cholesky 分解。假设 VAR（p）模型误差项的方差协方差矩阵 Σ 的 Cholesky 分解结果为矩阵 C_t。

在时期 t，其他变量和早期变量不变的情况下 y_{t+q} 对 y_{jt} 的一个单位冲击的灵活动态脉冲响应函数值为：

$$\psi(q, \delta_t, \Omega_{t-1}) = A_{qt} C_{jt} \tag{4.14}$$

其中，C_{jt} 是在第 t 期上述 Cholesky 分解得到的矩阵 C_t 的第 j 列元素。

第5章　构建中国灵活动态
金融状况指数

5.1　样本数据的选择、处理、检验和说明

5.1.1　样本数据的选择

本书首先选定样本数据选择视角，即从综合货币政策传导机制理论出发，既要筛选能够全面反映中国金融价格水平状况的指标，包括货币价格和资产价格，如利率、汇率、房价、股价，又要筛选能够充分表征金融发展规模的指标，如货币供应量等；接着确定选择原则，即根据相关性、可得性、客观性、重要性等原则筛选灵活动态金融状况指数构建需要的金融变量。通过仔细斟酌和慎重考虑，本书选择以下 5 个金融变量和 1 个货币政策目标变量。

本书数据样本区间为 2001 年 1 月至 2014 年 6 月，采用月度数据，一共 162 个样本点。之所以选择 2001 年 1 月为起点，是因为 2001 年中国正式加入了世界贸易组织，这大大地推进了中国经济体制的改革；并且 2001 年，APEC 会议（亚太经合组织会议）在上海举办，这进一步改善了中国的投资环境，推动了对外经贸合作。这两件大事都使中国经济迎来了新的发展机遇，使中国经济与世界经济更加紧密地联系在一起。

（1）货币供应量（M2）

货币供应量多年来一直是中国人民银行调控宏观经济，特别是调控通货膨胀的重要货币政策工具和手段。本书选择广义货币供应量（M2）作为代理变量，数据来源于中国人民银行网站（见图5.1）。之所以选择货币供应量作为货币和资产规模变量的代表，主要是因为以下内容。

第一，在数量型货币政策中，货币供应量一直是代表，甚至是唯一的代表。虽然资产规模调控在西方国家数量型货币政策中屡见不鲜，但中国还没有明确将资产规模作为货币政策的内容。

第二，虽然中国资本市场几年来已经取得很大成功，但中国居民保存金融财富更多的选择是存款，不是股票、债券，因此，货币供应量能够代表中国居民金融财富的主体。

第三，在中国人民银行实际货币政策操作中，货币供应量是主要的操作目标或者中介目标。例如，为应对美国金融危机而采取的"四万亿"经济刺激计划，2009～2010年中国货币供应量实现了接近30%的年增长，约是平时增长率的2倍。

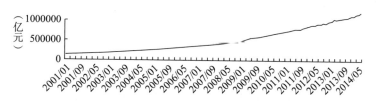

图5.1 货币供应量（M2）原始数据

（2）利率（NR）

利率多年来一直是中国人民银行调控宏观经济增长和通货膨胀经常使用的最主要的货币政策工具和手段。本书选取中国银行间7天同业拆借利率（Chibor）作为名义利率的代理变量，数据来源于中国人民银行网站（见图5.2）。之所以选择中国银行间7天同业拆借利率作为货币国内价格的代表，主要是因为以下内容。

第一，利率是改革开放以来中国人民银行调控宏观经济使用频率最高的货币政策工具和手段，特别是在经济过热或者过冷的时候。1998年亚洲金融危机后中国连续 7 次下调利率，以防止通货紧缩，又如自2006 年开始中国 10 次上调利率，以控制通货膨胀，这些都说明中国货币政策部门把利率作为调节通货膨胀的重要手段。

第二，中国银行间同业拆借市场是中国最早市场化的货币市场之一，其利率是市场化利率。中国银行间同业拆借市场的利率是最早的市场化利率，在 1996 年就实现了市场化，而存贷款利率近两年才真正放开，因此前者比后者更适合本书的研究，能够用来构建中国灵活动态金融状况指数。

第三，在中国银行间同业拆借市场众多利率中，7 天利率众所周知是最具代表性的。

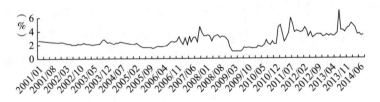

图 5.2　利率（NR）原始数据

（3）汇率（REER）

汇率多年来一直是中国人民银行调控宏观经济的主要货币政策工具和手段。本书选取人民币有效汇率（REER）作为汇率的代理指标，数据来自国际清算银行网站（见图 5.3）。之所以选择人民币有效汇率作为货币对外价格的代表，主要是因为以下内容。

第一，随着中国对外联系的日益加深，加之汇率市场化的日益发展，汇率变动对中国通货膨胀的影响也是十分重大的。在经济"新常态"出现之前，中国连续多年的贸易和资本的双重顺差，使中国基础货币投放量增加，加上人民币汇率不断升值，这个进程加剧了；最近一年多以来，特别是随着美国总统特朗普上台，美元升值，人民币相对贬值，导致中国资金外流严重，这给基础货币造成缩小的影响，从而给中国通货紧缩带来不小压力，其间出现 PPI 连续多个月的负增长。因此，汇率也是影响中国通货膨胀的重要金融变量，需要中国人民银行进行调控。

第二，随着中国政府大力推进人民币国际化、全球化和储备货币化，汇率对中国宏观经济，特别是对通货膨胀的影响越来越大。近年来，中国人民银行一直在致力于汇率自由化改革，目前已经实现经常项目下的自由兑换，并为推进资本项目下的自由兑换做了很多工作，比如加入 SDR 货币篮子、建立离岸人民币交易中心、推进对外贸易的人民币结算等。因此，从货币政策最终目标适度通货膨胀出发，构建中国灵活动态金融状况指数，离不开汇率这个构成变量。

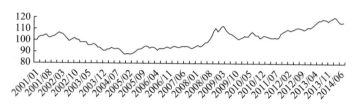

图 5.3　汇率（REER）原始数据

（4）股票价格（SPI）

从中国建立股票市场开始，学者们一直分析将股票价格等资产价格纳入货币政策体系。虽然至今中国人民银行还没有明确是否将资产价格纳入货币政策体系，但货币政策一直试图通过各种措施调节股票价格，以最终实现经济平稳较快增长和通货膨胀稳定的目标。本书选取上证综指作为股票价格的代理指标，数据来自中经网数据库（见图 5.4）。之所以选择上证综指作为股票价格的代表，主要是因为以下内容。

第一，近些年来，中国股票市场不断发展和完善，股票价格已经成为传导货币政策的重要渠道之一。在一定的市场假说条件下，股票价格已经成为经济状况的晴雨表，中国人民银行通过调控股市，改变人们的预期，从而最终达到调控宏观经济，特别是通货膨胀的目的。

第二，近年来，随着中国股票市场规模越来越大，托宾 Q 效应、财富效应等各种效应也越来越大，股票价格具备成为货币政策调控市场和手段的特征。当股票价格上涨时，股民的信心会大大增加，从而通过托宾 Q 效应和资产负债表效应增加投资，这使企业的融资成本降低，同时通过财富效应，扩大消费，二者一起促进经济增长，进而推升通货膨胀；反之亦然。

第三，最近几年来，特别 2015 年股市震荡以来，中国人民银行屡次对股票市场较大波动做出积极回应，其维护金融稳定的意图非常明显。因此，从货币政策最终目标适度通货膨胀出发，构建中国灵活动态金融状况指数，也离不开股票价格这个构成变量。

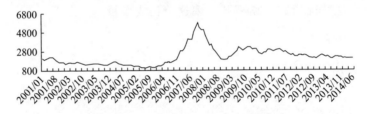

图 5.4　股票价格（SPI）原始数据

（5）房地产价格（HPI）

最近十年以来，中国人民银行等金融监管部门通过调控房地产价格来调控中国经济增长和通货膨胀，这已经成为中国老百姓关注的一个话题。本书选取中国国房景气指数作为房地产价格的代理指标，数据来自中经网数据库（见图 5.5）。之所以选择中国国房景气指数作为房地产价格的代表，主要是因为以下原因。

第一，房地产价格最近十年来迅速上涨，特别是一线城市房地产价格的暴涨，成为中国人民关注的焦点，中国政府近年来也经常采取包括金融政策在内的各种各样的手段调控房地产价格，由于房地产价格已经成为影响中国通货膨胀的最重要的资产价格，所以把房地产价格用国房景气指数表征。

第二，房地产价格通过比较效应和财富效应逐步影响通货膨胀，房地产价格的大幅度攀升，往往会推动通货膨胀持续上涨，而房地产价格大幅度下降，也可能会带来通货膨胀持续下行。因此，货币政策通过调控房地产价格，就能部分达到调控通货膨胀的目标。

第三，近年来，房地产已经成为中国的支柱产业，也渐渐地成为整个经济的晴雨表。货币政策通过调控房地产发展，就可以调控经济增长，进而影响通货膨胀。因此，从货币政策最终目标通货膨胀出发，构建中国灵活动态金融状况指数，也离不开房地产价格这个构成变量。

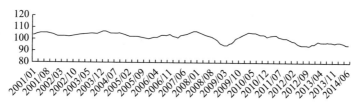

图 5.5　房地产价格（*HPI*）原始数据

（6）通货膨胀（*IR*）

通货膨胀是货币政策主要目标之一，因此，本书从通货膨胀目标出发，构建及应用中国灵活动态金融状况指数。本书选择的通货膨胀代理变量是中国居民消费价格指数（CPI）减去 100，具体见图 5.6。

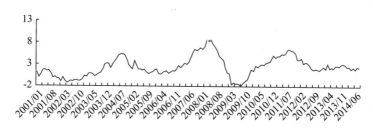

图 5.6　通货膨胀（*IR*）原始数据

5.1.2　样本数据的处理

根据 VAR 模型要求的样本数据平稳的条件，本书首先对原始数据进行季节性调整、实际化处理、对数化处理、HP 滤波处理、标准化处理等，经过这些处理的样本数据，最终符合 MI – TVP – SV – VAR 模型估计要求。

（1）季节性调整

从图 5.1 ~ 图 5.6 可以看出来原始样本数据存在明显的季节性，本书使用 EVIEWS 8.0 软件，选择 X－12 方法，对货币供应量（*M2*）、利率（*NR*）、汇率（*REER*）、股票价格（*SPI*）、房地产价格（*HPI*）、通货膨胀（*IR*）进行了季节性调整。

（2）实际化处理

在季节性调整后，为了剔除价格因素的影响，降低内生性，本书对所有金融变量都进行了实际化处理。首先，构建定基比中国居民消费价格指数。选择 2001 年 1 月为 100，根据国家统计局公布的同比价格数据，换算得到定基比中国居民消费价格指数。其次，对 5 个金融变量进行实际化处理。实际货币供应量、实际股票价格、实际房地产价格都是通过名义货币供应量、名义房地产价格、名义股票价格除以定基比中国居民消费价格指数得到的；实际利率是通过名义利率减去通货膨胀率得到的；实际有效人民币汇率直接从国际清算银行网站下载得到。

（3）对数化处理

在实际化处理后，为了消除可能存在的异方差，并使原来非线性关系变为线性关系，除了利率（*NR*）和通货膨胀（*IR*）外，本书对货币供应量（*M2*）、汇率（*REER*）、股票价格（*SPI*）、房地产价格（*HPI*）4 个金融变量都取了自然对数。

（4）HP 滤波处理

在对数化处理之后，为了去掉趋势值得到周期值，本书先对货币供应量（*M2*）、利率（*NR*）、汇率（*REER*）、股票价格（*SPI*）、房地产价格（*HPI*）5 个金融变量使用 HP 滤波方法，计算各个金融变量的长期趋势值，接着用各个金融变量的原始数据减去其 HP 滤波估计出来的趋势值得到周期值。

经过上述 4 大处理的样本数据，为了去繁就简，本书对它们的简称仍然保持不变，即英文简称除了通货膨胀外在原有简称的基础上加上 gap，即货币供应量（*M2gap*）、利率（*NRgap*）、汇率（*REERgap*）、股票价格（*SPIgap*）、房地产价格（*HPIgap*）、通货膨胀（*IR*）。

5.1.3 样本数据检验

（1）描述性统计量

从表 5.1 可知，进入 MI – TVP – SV – VAR 模型的各个变量除了通货膨胀（*IR*）外，其他各个构成金融变量的均值基本为 0，基本符合模型要求；通货膨胀（*IR*）和 5 个金融变量的标准差都非常小，说明样本数据波动率不大，异方差的可能性很小；其他各个描述性统计量都没有什么异常之处。

表 5.1　各个变量的描述性统计量

变量	观测值	均值	中值	最大值	最小值	标准差
IR	162	2.4779	2.2286	8.8151	– 1.8508	2.3015
M2gap	162	– 0.0003	0.0014	0.0525	– 0.0658	0.0225
NRgap	162	0.0262	0.1660	3.7185	– 4.2607	1.4813
REERgap	162	0.0015	– 0.0033	0.0902	– 0.0422	0.0252
SPIgap	162	– 0.0003	0.0026	0.7042	– 0.4933	0.1925
HPIgap	162	0.0008	0.0015	0.0460	– 0.0407	0.0164
变量	偏度	峰度	JB 统计量	概率	总和	离差平方和
IR	0.4313	2.8652	5.1442	0.0764	401.4203	852.7800
M2gap	– 0.3934	3.5213	6.0131	0.0495	– 0.0416	0.0814
NRgap	– 0.2535	3.4126	2.8842	0.2364	4.2366	353.2956
REERgap	0.9451	4.3086	35.6730	0.0000	0.2360	0.1024
SPIgap	0.6720	5.4102	51.4049	0.0000	– 0.0490	5.9687
HPIgap	0.1389	3.0375	0.5301	0.7672	0.1325	0.0431

（2）单位根检验

进行模型的估计，就需要对各个序列的平稳性进行检验。本书采用 ADF 检验和 PP 检验两种方法对序列的平稳性进行检验，检验结果见表 5.2。由表 5.2 可知，从 ADF 检验结果来看，货币供应量（*M2gap*）、利率（*NRgap*）、汇率（*REERgap*）、股票价格（*SPIgap*）、房地产价格

（$HPIgap$）5 个金融变量都在 1% 的水平上拒绝原假设，通货膨胀变量在 5% 的水平上拒绝原假设；从 PP 检验来看，货币供应量（$M2gap$）、利率（$NRgap$）、汇率（$REERgap$）、股票价格（$SPIgap$）、房地产价格（$HPIgap$）5 个金融变量都在 1% 的水平上拒绝原假设，通货膨胀变量在 10% 的水平上拒绝原假设。因此它们都是平稳时间序列，可以用来建立 MI – TVP – SV – VAR 模型。

表 5.2　单位根检验

变量	ADF 检验					PP 检验				
	(C, T, P)	T 统计量	临界值	P 值	结论	(C, T)	T 统计量	临界值	Prob	结论
IR	(C, 0, 4)	– 3.0790	– 2.88 **	0.0300	平稳	(C, 0)	– 2.6616	– 2.58 *	0.0831	平稳
$M2gap$	(0, 0, 2)	– 3.1630	– 2.58 ***	0.0020	平稳	(0, 0)	– 3.2480	– 2.58 ***	0.0013	平稳
$NRgap$	(0, 0, 1)	– 3.0670	– 2.58 ***	0.0020	平稳	(0, 0)	– 3.5881	– 2.58 ***	0.0004	平稳
$REERgap$	(0, 0, 2)	– 4.3730	– 2.579 ***	0.0000	平稳	(0, 0)	– 3.4199	– 2.58 ***	0.0007	平稳
$SPIgap$	(0, 0, 4)	– 4.2800	– 2.58 ***	0.0000	平稳	(0, 0)	– 3.1159	– 2.58 ***	0.0020	平稳
$HPIgap$	(0, 0, 1)	– 2.9860	– 2.58 ***	0.0030	平稳	(0, 0)	– 2.9861	– 2.58 ***	0.0030	平稳

注：***、**、*分别表示在 1%、5% 和 10% 的水平上显著。

（3）格兰杰因果关系检验

本书选择滞后阶数 2 进行格兰杰因果关系检验，检验结果具体见表 5.3。从表 5.3 可知，在货币供应量（$M2gap$）不是通货膨胀（IR）的 Granger 原因的原假设下，检验结果在 1% 的显著水平上拒绝原假设，说明货币供应量（$M2gap$）是通货膨胀（IR）的 Granger 原因；在利率（$NRgap$）不是通货膨胀（IR）的 Granger 原因的原假设下，检验结果在 5% 的显著水平上拒绝原假设，说明利率（$NRgap$）是通货膨胀（IR）的 Granger 原因；在汇率（$REERgap$）不是通货膨胀（IR）的 Granger 原因的原假设下，检验结果在 1% 的显著水平上拒绝原假设，说明汇率（$REERgap$）是通货膨胀（IR）的 Granger 原因；在股票价格（$SPIgap$）不是通货膨胀（IR）的 Granger 原因的原假设下，检验结果在 1% 的显著水平上拒绝原假设，说明股票价格（$SPIgap$）是通货膨胀

（IR）的 Granger 原因；在房地产价格（HPIgap）不是通货膨胀（IR）的 Granger 原因的原假设下，检验结果在 1% 的显著水平上拒绝原假设，说明房地产价格（HPIgap）是通货膨胀（IR）的 Granger 原因。

表 5.3　Granger 因果性关系检验结果

原假设	观测值个数	F 统计量	P 值	结论
M2gap 不是 IR 的 Granger 原因	160	12.8800	0.0000	拒绝
NRgap 不是 IR 的 Granger 原因	160	3.0700	0.0490	拒绝
REERgap 不是 IR 的 Granger 原因	160	12.4800	0.0000	拒绝
SPIgap 不是 IR 的 Granger 原因	160	17.0900	0.0000	拒绝
HPIgap 不是 IR 的 Granger 原因	160	19.7200	0.0000	拒绝
SPIgap 不是 IR 的 Granger 原因	160	17.0900	0.0000	拒绝
IR 不是 M2gap 的 Granger 原因	160	9.2500	0.0000	拒绝
IR 不是 NRgap 的 Granger 原因	160	8.7500	0.0000	拒绝
IR 不是 REERgap 的 Granger 原因	160	6.0100	0.0030	拒绝
IR 不是 SPIgap 的 Granger 原因	160	12.3200	0.0000	拒绝
IR 不是 HPIgap 的 Granger 原因	160	15.4800	0.0000	拒绝

同时，从表 5.3 也可知，在通货膨胀（IR）不是货币供应量（M2gap）的 Granger 原因的原假设下，检验结果在 1% 的显著水平上拒绝原假设，说明通货膨胀（IR）是货币供应量（M2gap）的 Granger 原因；在通货膨胀（IR）不是利率（NRgap）的 Granger 原因的原假设下，检验结果在 1% 的显著水平上拒绝原假设，说明通货膨胀（IR）是利率（NRgap）的 Granger 原因；在通货膨胀（IR）不是汇率（REERgap）的 Granger 原因的原假设下，检验结果在 1% 的显著水平上拒绝原假设，说明通货膨胀（IR）是汇率（REERgap）的 Granger 原因；在通货膨胀（IR）不是股票价格（SPIgap）的 Granger 原因的原假设下，检验结果在 1% 的显著水平上拒绝原假设，说明通货膨胀（IR）是股票价格（SPIgap）的 Granger 原因；在通货膨胀（IR）不是房地产价格（HPIgap）的 Granger 原因的原假设下，检验结果在 1% 的显著水平上拒绝原

假设，说明通货膨胀（*IR*）是房地产价格（*HPIgap*）的 Granger 原因。

总之，通货膨胀（*IR*）与货币供应量（*M2gap*）、利率（*NRgap*）、汇率（*REERgap*）、房地产价格（*HPIgap*）、股票价格（*SPIgap*）5 个金融变量之间具有显著的双向格兰杰因果关系，因此，这些样本数据使用 MI – TVP – SV – VAR 模型进行估计是合理的，进而可以用于构建中国灵活动态金融状况指数。

（4）MI – TVP – SV – VAR 模型最优滞后阶数检验

本书基于 EVIEWS 8.0 软件，使用 VAR 模型中的 Lag Order Selection Criteria 进行检验，来确定 MI – TVP – SV – VAR 模型最优滞后阶数，检验结果见表 5.4。从表 5.4 可知，按照 LogL 标准，MI – TVP – SV – VAR 模型最优滞后阶数是 8 阶；按照 LR 标准，MI – TVP – SV – VAR 模型最优滞后阶数是 3 阶；按照 FPE 标准，MI – TVP – SV – VAR 模型最优滞后阶数是 2 阶；按照 AIC 标准，MI – TVP – SV – VAR 模型最优滞后阶数是 2 阶；按照 SC 标准，MI – TVP – SV – VAR 模型最优滞后阶数是 1 阶；按照 HQ 标准，MI – TVP – SV – VAR 模型最优滞后阶数是 2 阶。

虽然 6 个判断标准检验出来的结果不完全一样，但 FPE、AIC 和 HQ 三个标准支持滞后 2 阶是最优滞后阶数，其他滞后阶数都有一个判断标准支持。因此，按照以多胜少的原则，本书将 MI – TVP – SV – VAR 模型滞后阶数确定为滞后 2 阶。

表 5.4　MI – TVP – SV – VAR 模型最优滞后阶数的确定

Lag	LogL	LR	FPE	AIC	SC	HQ
0	697.94	—	5.04E – 12	– 8.99	– 8.87	– 8.94
1	1635.69	1790.26	4.14E – 17	– 20.70	– 19.87*	– 20.36
2	1702.35	122.06	2.78E – 17*	– 21.10*	– 19.56	– 20.47*
3	1735.70	58.47*	2.90E – 17	– 21.06	– 18.81	– 20.15
4	1757.71	36.87	3.51E – 17	– 20.88	– 17.92	– 19.68
5	1785.61	44.58	3.96E – 17	– 20.77	– 17.11	– 19.28
6	1811.65	39.55	4.62E – 17	– 20.64	– 16.27	– 18.87

Lag	LogL	LR	FPE	AIC	SC	HQ
7	1839.59	40.28	5.30E－17	－20.54	－15.45	－18.47
8	1863.03*	31.98	6.53E－17	－20.38	－14.58	－18.02

注：＊表示在这个准则下，应该选择的最优滞后阶数。

5.1.4　样本数据说明

本书以 2001 年 1 月至 2014 年 6 月作为样本区间，一共 162 个样本点，但在模型的运算中，需要用两年的数据作为训练样本，以计算出相关的先验信息。因而实际上模型的分析样本区间为 1999 年 1 月至 2014 年 6 月，共 186 个样本。根据前文的结论，VAR 模型中滞后阶数为 2，由于运算量特别大，本书把有效的重复抽样次数设为 2000 次，需要舍去的抽样次数为有效的重复抽样次数的 40%，即 800 次。

5.2　MI－TVP－SV－VAR 模型收敛性诊断

为了确保 MI－TVP－SV－VAR 模型事前抽样样本能够准确地反映事后概率分布，首先要确定抽样过程已经达到了稳定的概率分布。因此，在使用抽样样本进行估计和推断之前，需要对抽样的收敛性进行检验。对于 MI－TVP－SV－VAR 模型，抽样样本收敛性检验主要指通过抽样样本的统计量进行检验，这些统计量包括抽样样本自相关系数、抽样路径、后验分布、CD 统计量和 IF 统计量等。在已有文献中，收敛性检验主要从以下两个方面展开。

5.2.1　抽样收敛性的图形检验

这种检验是通过将抽样样本自相关系数、抽样路径、后验分布密度统计量画成图形，来判断抽样样本是否收敛。抽样样本自相关系数图形检验是通过将自相关系数画成图，考虑其是否随着抽样间隔次数的增加而趋于零；抽样路径图形检验是通过将每次抽样结果画出图形来判断其是否围绕抽样样本均值波动；后验分布密度图形检验是通过抽样样本计算的概率分布图来判别抽样样本是否收敛于后验分布。

（1）抽样样本自相关系数检验

使用 Matlab 2015，运行 MI – TVP – SV – VAR 模型的程序代码，获得抽样收敛性图形检验结果。为了简洁起见，本书每个种类的状态变量只选取了第 1、2 个状态变量的估计值进行抽样样本自相关系数检验。

①时变系数项（X）状态变量抽样样本自相关系数检验，检验结果具体见图 5.7。从图 5.7 可以看出，基于 MI – TVP – SV – VAR 模型的时变系数项（X）的抽样样本自相关系数迅速下降，最后都趋于 0，说明时变系数项（X）抽样样本自相关不明显。

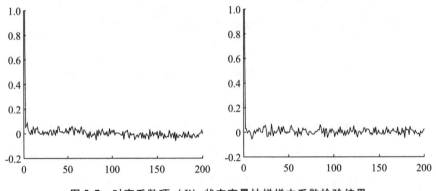

图 5.7　时变系数项（X）状态变量抽样样本系数检验结果

②随机对数波动率项（h）状态变量抽样样本自相关系数检验，检验结果具体见图 5.8。从图 5.8 可以看出，基于 MI – TVP – SV – VAR 模型的随机对数波动率项（h）的抽样样本自相关系数迅速下降，最后都趋于 0，说明随机对数波动率项（h）抽样样本自相关不明显。

③随机同期协方差项（α）状态变量抽样样本自相关系数检验，检验结果具体见图 5.9。从图 5.9 可以看出，基于 MI – TVP – SV – VAR 模型的随机同期协方差项（α）的抽样样本自相关系数迅速下降，最后都趋于 0，说明随机同期协方差项（α）抽样样本自相关不明显。

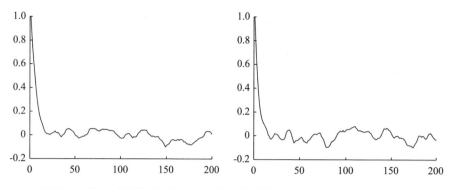

图 5.8　随机对数波动率项（h）状态变量抽样样本自相关系数检验结果

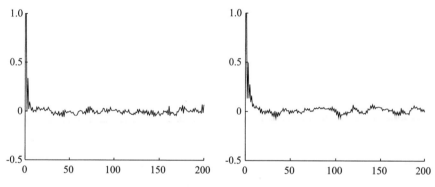

图 5.9　随机同期协方差项（α）状态变量抽样样本自相关系数检验结果

　　④时变系数状态方程的误差项的方差项（Q）抽样样本自相关系数检验，检验结果具体见图 5.10。从图 5.10 可以看出，基于 MI – TVP – SV – VAR 模型的时变系数状态方程的误差项的方差项（Q）的抽样样本自相关系数迅速下降，最后都趋于 0，说明时变系数状态方程的误差项的方差项（Q）抽样样本自相关不明显。

　　⑤随机对数波动率状态方程的误差项的方差项（W）抽样样本自相关系数检验，检验结果具体见图 5.11。从图 5.11 可以看出，基于MI – TVP – SV – VAR 模型的随机对数波动率状态方程的误差项的方差项（W）的抽样样本自相关系数迅速下降，最后都趋于 0，说明随机对数波动率状态方程的误差项的方差项（W）抽样样本自相关不明显。

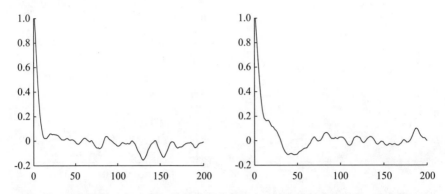

图 5.10　时变系数状态方程的误差项的方差项（Q）抽样样本自相关系数检验结果

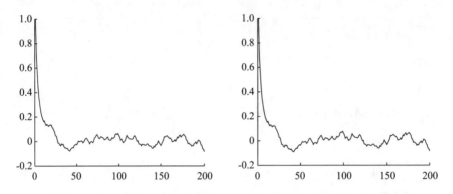

图 5.11　随机对数波动率状态方程的误差项的方差项（W）抽样样本
自相关系数检验结果

⑥随机同期协方差状态方程的误差项的方差项（S）抽样样本自相关系数检验，检验结果具体见图 5.12。从图 5.12 可以看出，基于 MI - TVP - SV - VAR 模型的随机同期协方差状态方程的误差项的方差项（S）的抽样样本自相关系数迅速下降，最后都趋于 0，说明随机同期协方差状态方程的误差项的方差项（S）抽样样本自相关不明显。

（2）抽样路径检验

使用 Matlab 2015，运行 MI - TVP - SV - VAR 模型的程序代码，获得抽样路径检验结果。为了简洁起见，本书每个种类的状态变量只选取了第 1、2 个状态变量的估计值进行抽样路径检验。

①时变系数项（X）状态变量抽样路径检验，检验结果具体见图

5.13。从图 5.13 可以看出，基于 MI－TVP－SV－VAR 模型的时变系数项 （X） 抽样路径围绕抽样样本均值附近稳定波动，说明抽样样本没有明显的趋势。

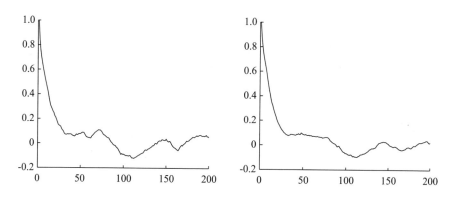

图 5.12　随机同期协方差状态方程的误差项的方差项 （S） 抽样样本自相关系数检验结果

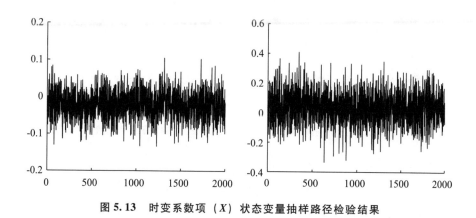

图 5.13　时变系数项 （X） 状态变量抽样路径检验结果

②随机对数波动率项 （h） 状态变量抽样路径检验，检验结果具体见图 5.14。从图 5.14 可以看出，基于 MI－TVP－SV－VAR 模型的时变随机对数波动率项 （h） 抽样路径围绕抽样样本均值附近稳定波动，说明抽样样本没有明显的趋势。

③随机同期协方差项 （α） 状态变量抽样路径检验，检验结果具体见图 5.15。从图 5.15 可以看出，基于 MI－TVP－SV－VAR 模型的随机同期协方差项 （α） 抽样路径围绕抽样样本均值附近稳定波动，说明抽

样样本没有明显的趋势。

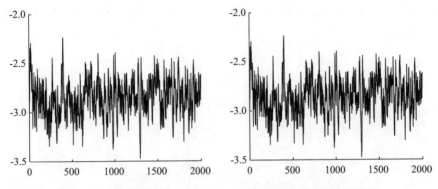

图 5.14 随机对数波动率项（h）状态变量抽样路径检验结果

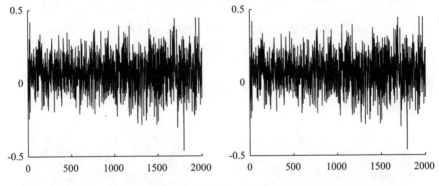

图 5.15 随机同期协方差项（α）状态变量抽样路径检验结果

④系数状态方程的误差项的方差项（Q）的抽样路径检验，检验结果具体见图 5.16。从图 5.16 可以看出，基于 MI - TVP - SV - VAR 模型的系数状态方程的误差项的方差项（Q）抽样路径围绕抽样样本均值附近稳定波动，说明抽样样本没有明显的趋势。

⑤随机对数波动率状态方程的误差项的方差项（W）的抽样路径检验，检验结果具体见图 5.17。从图 5.17 可以看出，基于 MI - TVP - SV - VAR 模型的随机对数波动率状态方程的误差项的方差项（W）抽样路径围绕抽样样本均值附近稳定波动，说明抽样样本没有明显的趋势。

⑥随机同期协方差状态方程的误差项的方差项（S）的抽样路径检

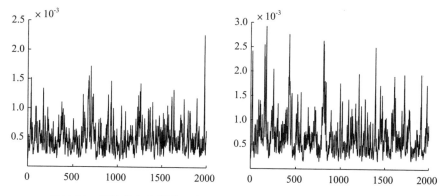

图 5.16　系数状态方程的误差项的方差项（Q）的抽样路径检验结果

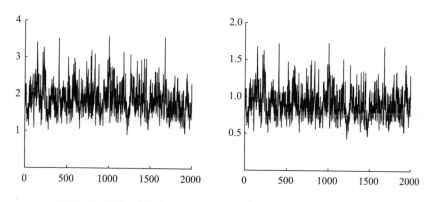

**图 5.17　随机对数波动率状态方程的误差项的方差项（W）的
抽样路径检验结果**

验，检验结果具体见图 5.18。从图 5.18 可以看出，基于 MI – TVP –
SV – VAR 模型的随机同期协方差状态方程的误差项的方差项（S）抽
样路径围绕抽样样本均值附近稳定波动，说明抽样样本没有明显的
趋势。

（3）后验分布密度检验

①时变系数项（X）状态变量后验分布密度检验，检验结果具体见
图 5.19。从图 5.19 的后验分布密度图可以看出，基于 MI – TVP – SV –
VAR 模型的时变系数项（X）状态变量抽样样本分布收敛于后验分布，
说明抽样样本是收敛的。

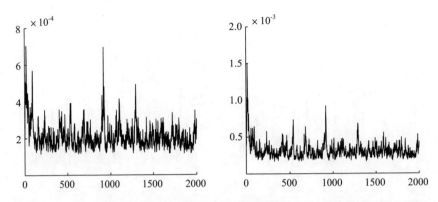

图 5.18　随机同期协方差状态方程的误差项的方差项（S）的抽样路径检验结果

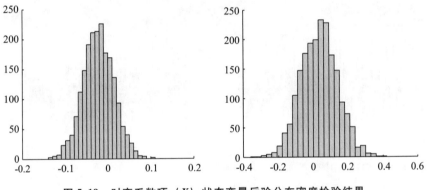

图 5.19　时变系数项（X）状态变量后验分布密度检验结果

　　②随机对数波动率项（h）状态变量后验分布密度检验，检验结果具体见图 5.20。从图 5.20 的后验分布密度图可以看出，基于 MI - TVP - SV - VAR 模型的随机对数波动率项（h）状态变量抽样样本分布收敛于后验分布，说明抽样样本是收敛的。

　　③随机同期协方差项（α）状态变量后验分布密度检验，检验结果具体见图 5.21。从图 5.21 的后验分布密度图可以看出，基于 MI - TVP - SV - VAR 模型的随机对数波动率项（α）状态变量抽样样本分布收敛于后验分布，说明抽样样本是收敛的。

　　④系数状态方程的误差项的方差项（Q）后验分布密度检验，检验结果具体见图 5.22。从图 5.22 的后验分布密度图可以看出，基于 MI -

TVP – SV – VAR 模型的系数状态方程的误差项的方差项（Q）状态变量抽样样本分布收敛于后验分布，说明抽样样本是收敛的。

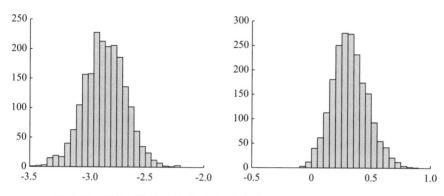

图 5. 20　随机对数波动率项（h）状态变量后验分布密度检验结果

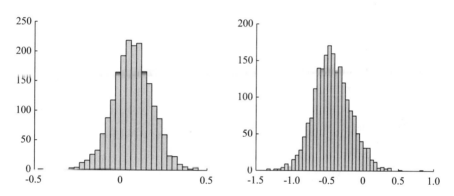

图 5. 21　随机同期协方差项（α）状态变量后验分布密度检验

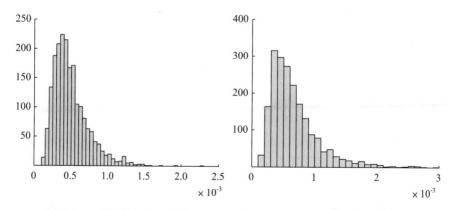

图 5. 22　系数状态方程的误差项的方差项（Q）后验分布密度检验结果

⑤随机对数波动率状态方程的误差项的方差项（W）后验分布密度检验，检验结果具体见图5.23。从图5.23的后验分布密度图可以看出，基于 MI – TVP – SV – VAR 模型的随机对数波动率状态方程的误差项的方差项（W）状态变量抽样样本分布收敛于后验分布，说明抽样样本是收敛的。

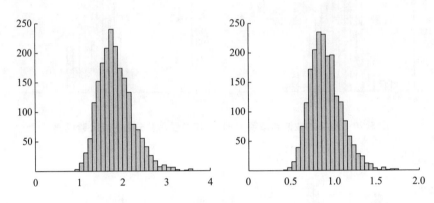

图 5.23　随机对数波动率状态方程的误差项的方差项（W）后验分布密度检验结果

⑥随机同期协方差状态方程的误差项的方差项（S）后验分布密度检验，检验结果具体见图5.24。从图5.24的后验分布密度图可以看出，基于 MI – TVP – SV – VAR 模型的随机同期协方差状态方程的误差项的方差项（S）状态变量抽样样本分布收敛于后验分布，说明抽样样本是收敛的。

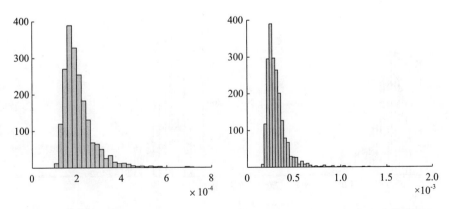

图 5.24　随机同期协方差状态方程的误差项的方差项（S）后验分布密度检验结果

　　总之，抽样样本的收敛性三种图形检验结果都表明通过预设参数，基于 MCMC 的 Bayesian 抽样样本是收敛的，获得了不相关的有效样本。

5.2.2　抽样稳定性检验

　　抽样稳定性检验通过一些统计量来检验抽样结果是否收敛于后验分布。一般来说，MI – TVP – SV – VAR 模型抽样稳定性检验主要通过抽样样本的均值、标准差、置信区间，来测算和检验 CD、IF 等统计量。CD 统计量是 Geweke 收敛诊断值（Convergence Diagnostics），用于测定预模拟得到的马尔科夫链是否收敛于后验分布，因此判断的标准就是 CD 统计量的值是否落入抽样结果的置信区间内，落入就是收敛，否则就是发散；IF 统计量是无效影响因子（Inefficiency Factors），是后验样本均值的方差和不相关序列样本均值的方差的比率，表示为得到不相关样本所需要抽样的次数，因此判断的标准就是 IF 值越小表明样本越有效，二者均为判断 MCMC 链模拟效果的重要依据。

　　使用 Matlab 2015，运行 MI – TVP – SV – VAR 模型的程序代码，获得抽样稳定性检验结果。为了简洁起见，本书每个种类的状态变量只选取了第 1～4 个状态变量的估计值进行抽样稳定性检验。

（1）时变系数项（X）状态变量抽样稳定性检验

　　基于 MI – TVP – SV – VAR 模型，本书进行了时变系数项（X）状态变量抽样稳定性检验，检验结果具体见表 5.5。从表 5.5 可以看出，Geweke 收敛诊断值，即 CD 统计量的值均未超过 5% 的临界值 1.96，表明收敛于后验分布的零假设不能被拒绝；无效因子，即 IF 统计量的值均较小，其中最大的为 4.2052，这表明我们至少可以得到 2000/4.2052≈475 个不相关样本，表明用上述 2000 次抽样得到的样本对于 MI – TVP – SV – VAR 模型的后验推断是足够的。因此，抽样稳定性诊断表明 MI – TVP – SV – VAR 模型的估计是有效的，可以用于对变量之间影响动态进行进一步的考察和分析。

表 5.5　时变系数项（X）状态变量抽样稳定性检验

参数	均值	标准差	95% 的置信区间	CD 统计量	IF 统计量
X1	- 0.0224	0.0363	[- 0.0968, 0.0500]	- 0.2795	2.7907
X2	0.0340	0.1058	[- 0.1709, 0.2392]	1.8673	4.2052
X3	- 0.0384	0.0452	[- 0.1273, 0.0507]	- 0.1411	1.0469
X4	- 0.0156	0.0828	[- 0.1762, 0.1487]	- 0.5129	0.8746

（2）随机对数波动率项（h）状态变量抽样稳定性检验

基于 MI - TVP - SV - VAR 模型，本书进行了随机对数波动率项（h）状态变量抽样稳定性检验，检验结果具体见表 5.6。从表 5.6 可以看出，Geweke 收敛诊断值，即 CD 统计量的值均未超过 5% 的临界值 1.96，表明收敛于后验分布的零假设不能被拒绝；无效因子，即 IF 统计量的值均较小，其中最大的为 13.5538，这表明我们至少可以得到 2000/13.5538≈148 个不相关样本，表明用上述 2000 次抽样得到的样本对于 MI - TVP - SV - VAR 模型的后验推断是足够的。因此，抽样稳定性诊断表明 MI - TVP - SV - VAR 模型的估计是有效的，可以用于对变量之间影响动态进行进一步的考察和分析。

表 5.6　随机对数波动率项（h）状态变量抽样稳定性检验

参数	均值	标准差	95% 的置信区间	CD 统计量	IF 统计量
h1	- 1.1999	0.17975	[- 3.2232, - 2.5025]	- 0.03146	10.8688
h2	0.3231	0.14709	[0.0465, 0.6290]	0.017319	7.52836
h3	- 2.11	0.20076	[- 2.7132, - 1.9154]	0.020206	2.32149
h4	- 0.4244	0.17975	[- 0.8551, - 0.1349]	0.016941	13.5538

（3）随机同期协方差项（α）状态变量抽样稳定性检验

基于 MI - TVP - SV - VAR 模型，本书进行了随机同期协方差项（α）状态变量抽样稳定性检验，检验结果具体见表 5.7。从表 5.7 可以看出，Geweke 收敛诊断值，即 CD 统计量的值有 2 个未超过 5% 的临界值 1.96，另有 2 个超过了临界值，但从全部变量的 CD 值来看，绝大多数都没有超过临界值，因此这基本表明收敛于后验分布的零假设不能被拒绝；无效因子，即 IF 统计量的值均较小，其中最大的为 8.7528，这表明我们至少可以得到 $2000/8.7528 \approx 229$ 个不相关样本，表明用上述 2000 次抽样得到的样本对于 MI – TVP – SV – VAR 模型的后验推断是足够的。因此，抽样稳定性诊断表明 MI – TVP – SV – VAR 模型的估计是有效的，可以用于对变量之间影响动态进行进一步的考察和分析。

表 5.7　随机同期协方差项（α）状态变量抽样稳定性检验

参数	均值	标准差	95% 的置信区间	CD 统计量	IF 统计量
$\alpha 1$	0.0693	0.1138	[– 0.1614，0.2954]	0.3088	1.8738
$\alpha 2$	– 0.4344	0.2590	[– 0.9237，0.0923]	3.1589	8.7528
$\alpha 3$	0.0263	0.0505	[– 0.0704，0.1224]	– 0.1637	4.6472
$\alpha 4$	– 0.2765	0.4127	[– 1.0965，0.5291]	3.7262	3.5648

（4）系数状态方程的误差项的方差项（Q）抽样稳定性检验

基于 MI – TVP – SV – VAR 模型，本书进行了系数状态方程的误差项的方差项（Q）抽样稳定性检验，检验结果具体见表 5.8。从表 5.8 可以看出，Geweke 收敛诊断值，即 CD 统计量的值均未超过 5% 的临界值 1.96，因此这表明收敛于后验分布的零假设不能被拒绝；无效因子，即 IF 统计量的值均较小，其中最大的为 12.7382，这表明我们至少可以得到 $2000/12.7382 \approx 157$ 个不相关样本，表明用上述 2000 次抽样得到的样本对于 MI – TVP – SV – VAR 模型的后验推断是足够的。因此，抽样稳定性诊断表明 MI – TVP – SV – VAR 模型的估计是有效的，可以用于对变量之间影响动态进行进一步的考察和分析。

表 5.8　系数状态方程的误差项的方差项（Q）抽样稳定性检验

参数	均值	标准差	95% 的置信区间	CD 统计量	IF 统计量
$Q1$	0.0005	0.0002	[0.0002，0.0011]	– 0.0271	1.1810
$Q2$	0.0007	0.0004	[0.0002，0.0017]	0.8106	12.7382

续表

参数	均值	标准差	95% 的置信区间	CD 统计量	IF 统计量
$Q3$	0.0006	0.0004	[0.0002, 0.0016]	−0.1149	5.0414
$Q4$	0.0006	0.0004	[0.0002, 0.0018]	0.4878	10.2297

（5）随机对数波动率状态方程的误差项的方差项（W）抽样稳定性检验

基于 MI – TVP – SV – VAR 模型，本书进行了随机对数波动率状态方程的误差项的方差项（W）抽样稳定性检验，检验结果具体见表5.9。从表5.9可以看出，Geweke 收敛诊断值，即 CD 统计量的值均未超过5%的临界值1.96，因此这表明收敛于后验分布的零假设不能被拒绝；无效因子，即 IF 统计量的值除了1个较大外，其他均较小，其中最大的为320.7370，这表明我们至少可以得到2000/320.7370 ≈ 6个不相关样本，表明用上述2000次抽样得到的样本对于 MI – TVP – SV – VAR 模型的后验推断基本是够的。因此，抽样稳定性诊断表明 MI – TVP – SV – VAR 模型的估计是有效的，可以用于对变量之间影响动态进行进一步的考察和分析。

表5.9　随机对数波动率状态方程的误差项的方差项（W）抽样稳定性检验

参数	均值	标准差	95% 的置信区间	CD 统计量	IF 统计量
$W1$	1.8448	0.3867	[1.2061, 2.7126]	0.1030	12.1524
$W2$	0.0064	0.0060	[0.0001, 0.0173]	−0.0152	320.7370
$W3$	0.9006	0.1865	[0.5917, 1.3230]	0.0708	10.8704
$W4$	0.2812	0.0647	[0.1715, 0.4270]	−0.0841	64.8562

（6）随机同期协方差状态方程的误差项的方差项（S）抽样稳定性检验

基于 MI – TVP – SV – VAR 模型，本书进行了随机同期协方差状态方程的误差项的方差项（S）抽样稳定性检验，检验结果具体见表5.10。从表5.10可以看出，Geweke 收敛诊断值，即 CD 统计量的值均未超过 5% 的临界值 1.96，因此这表明收敛于后验分布的零假设不能被拒绝；无效因子，即 IF 统计量的值均较小，其中最大的为 26.4683，这表明我们至少可以得到 2000/26.4683 ≈ 76 个不相关样本，表明用上述 2000 次抽样得到的样本对于 MI – TVP – SV – VAR 模型的后验推断是足够的。因此，抽样稳定性诊断表明 MI – TVP – SV – VAR 模型的估计是有效的，可以用于对变量之间影响动态进行进一步的考察和分析。

表 5.10　随机同期协方差状态方程的误差项的方差项（S）抽样稳定性检验

参数	均值	标准差	95% 的置信区间	CD 统计量	IF 统计量
$S1$	0.0002	0.0001	[0.0001，0.0004]	0.3599	26.4683
$S2$	0.0003	0.0001	[0.0002，0.0006]	0.6186	26.1206
$S3$	0.0003	0.0001	[0.0002，0.0006]	0.4877	23.9588
$S4$	0.0004	0.0001	[0.0003，0.0008]	0.5744	15.7351

5.3　MI – TVP – SV – VAR 模型参数估计结果

选择前文处理的中国的样本数据，基于 MI – TVP – SV – VAR 模型，使用 Matlab 2015 软件，本书获得了 MI – TVP – SV – VAR 模型全部参数的估计结果，具体如下。

5.3.1　时变参数时变系数项（X）的估计结果

经过前文的参数估计，本书得到了时变系数项（X）估计值，由于时变系数数据非常多，无法用表一一列示，因此，本书就用描述统计量和简图来描述它们。由于 MI – TVP – SV – VAR 模型包含 6 个自变量，因而具有 6 个方程，本书借着分方程对时变系数项（X）估计结果进行分析。

（1）货币供应量（*M2gap*）方程的时变参数（*X*）的估计结果

基于 MI – TVP – SV – VAR 模型，本书对货币供应量（*M2gap*）方程的时变参数（X）进行了估计，具体结果见表 5.11。从表 5.11 可知，货币供应量（*M2gap*）方程各个时变参数估计都比较合理，没有出现异常情况。

表 5.11　货币供应量（*M2gap*）方程各个时变参数描述性统计量

变量		观测值	均值	中值	最大值	最小值	标准差
C	常数项	160	-0.0224	-0.0197	0.0011	-0.0559	0.0143
M2gap	*X*11	160	0.4241	0.4236	0.4372	0.4068	0.0093
	*X*21	160	-0.1598	-0.1600	-0.1560	-0.1639	0.0019
NRgap	*X*31	160	0.0569	0.0589	0.0716	0.0389	0.0108
	*X*41	160	0.0247	0.0204	0.0389	0.0158	0.0080
REERgap	*X*51	160	-0.4346	-0.4334	-0.4270	-0.4485	0.0046
	*X*61	160	0.0340	0.0430	0.0515	-0.0011	0.0165
SPIgap	*X*71	160	0.0997	0.1007	0.1047	0.0936	0.0033
	*X*81	160	1.0957	1.0966	1.1143	1.0773	0.0115
HPIgap	*X*91	160	-0.0168	-0.0179	-0.0040	-0.0283	0.0073
	*X*101	160	0.1646	0.1659	0.1749	0.1571	0.0046
IR	*X*111	160	-0.0854	-0.0854	-0.0818	-0.0889	0.0020
	*X*121	160	-0.0384	-0.0379	-0.0295	-0.0603	0.0061
变量		偏度	峰度	JB 统计量	概率	总和	离差平方和
C	常数项	-0.5564	2.5928	9.3601	0.0093	-3.5829	0.0327
M2gap	*X*11	-0.2801	1.8401	11.0606	0.0040	67.8491	0.0137
	*X*21	-0.0523	2.0881	5.6169	0.0603	-25.5759	0.0006
NRgap	*X*31	-0.1497	1.5406	14.7973	0.0006	9.1040	0.0184
	*X*41	0.6099	1.7238	20.7793	0.0000	3.9467	0.0103
REERgap	*X*51	-1.1633	4.3186	47.6778	0.0000	-69.5340	0.0034
	*X*61	-0.7667	2.0303	21.9460	0.0000	5.4449	0.0434
SPIgap	*X*71	-0.5092	1.9244	14.6255	0.0007	15.9504	0.0017
	*X*81	-0.0226	1.5684	13.6778	0.0011	175.3076	0.0211
HPIgap	*X*91	0.2605	1.8040	11.3447	0.0034	-2.6853	0.0085
	*X*101	0.1525	1.9480	7.9985	0.0183	26.3398	0.0033
IR	*X*111	0.0116	1.6567	12.0336	0.0024	-13.6626	0.0007
	*X*121	-1.1161	4.9381	58.2585	0.0000	-6.1509	0.0058

　　为了简洁起见，本书没有将货币供应量（*M2gap*）方程所有时变参数全部时期的估计值用表一一列示，但画图进行描述了，具体见图5.25。从图5.25可知，货币供应量（*M2gap*）方程各个时变参数估计都比较合理，没有出现异常情况。

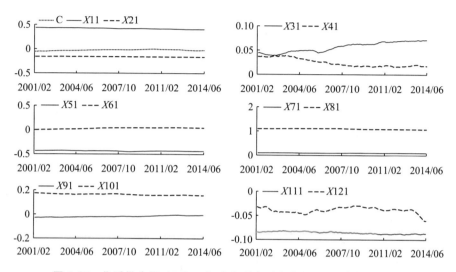

图5.25　货币供应量（*M2gap*）方程所有时变参数全部时期的估计值

（2）利率（*NRgap*）方程的时变参数（*X*）的估计结果

　　基于M1-TVP-SV-VAR模型，本书对利率（*NRgap*）方程的时变参数（*X*）进行了估计，具体结果见表5.12。从表5.12可知，利率（*NRgap*）方程各个时变参数估计都比较合理，没有出现异常情况。

表5.12　利率（*NRgap*）方程各个时变参数描述性统计量

变量		观测值	均值	中值	最大值	最小值	标准差
C	常数项	160	0.0875	0.0867	0.0924	0.0827	0.0027
M2gap	X12	160	0.0484	0.0465	0.0559	0.0421	0.0039
	X22	160	0.7923	0.7908	0.8122	0.7769	0.0108
NRgap	X32	160	0.1812	0.1808	0.1864	0.1767	0.0025
	X42	160	0.0025	0.0037	0.0090	-0.0036	0.0034
REERgap	X52	160	-0.0156	-0.0182	0.0006	-0.0251	0.0075
	X62	160	-0.0121	-0.0152	-0.0032	-0.0187	0.0054

续表

变量		观测值	均值	中值	最大值	最小值	标准差
SPIgap	X72	160	0.4426	0.4440	0.4483	0.4315	0.0041
	X82	160	0.0492	0.0511	0.0580	0.0381	0.0062
HPIgap	X92	160	0.0101	0.0103	0.0223	0.0012	0.0049
	X102	160	0.0637	0.0623	0.0723	0.0555	0.0056
IR	X112	160	−0.0082	−0.0080	−0.0017	−0.0145	0.0035
	X122	160	−0.3667	−0.3673	−0.3576	−0.3725	0.0036
变量		偏度	峰度	JB 统计量	概率	总和	离差平方和
C	常数项	0.2823	1.7330	12.8264	0.0016	14.0004	0.0012
M2gap	X12	0.4863	1.7601	16.5570	0.0003	7.7395	0.0024
	X22	0.4181	1.9974	11.3633	0.0034	126.7611	0.0184
NRgap	X32	0.3065	2.1395	7.4410	0.0242	28.9986	0.0010
	X42	−0.0943	2.0055	6.8315	0.0329	0.4064	0.0019
REERgap	X52	0.6331	1.9799	17.6273	0.0001	−2.4885	0.0088
	X62	0.4700	1.4862	21.1674	0.0000	−1.9374	0.0047
SPIgap	X72	−1.2246	3.6177	42.5375	0.0000	70.8187	0.0027
	X82	−0.3578	1.5481	17.4673	0.0002	7.8789	0.0061
HPIgap	X92	0.2330	2.3696	4.0967	0.1289	1.6159	0.0038
	X102	0.1662	1.4109	17.5717	0.0002	10.1924	0.0050
IR	X112	−0.0110	2.0981	5.4266	0.0663	−1.3127	0.0020
	X122	0.6336	2.7146	11.2487	0.0036	−58.6752	0.0021

为了简洁起见，本书没有将利率（NRgap）方程所有时变参数全部时期的估计值用表一一列示，但画图进行描述了，具体见图 5.26。从图 5.26 可知，利率（NRgap）方程各个时变参数估计都比较合理，没有出现异常情况。

（3）汇率（REERgap）方程的时变参数（X）的估计结果

基于 MI－TVP－SV－VAR 模型，本书对汇率（REERgap）方程的时变参数（X）进行了估计，具体结果见表 5.13。从表 5.13 可知，汇率（REERgap）方程各个时变参数估计都比较合理，没有出现异常情况。

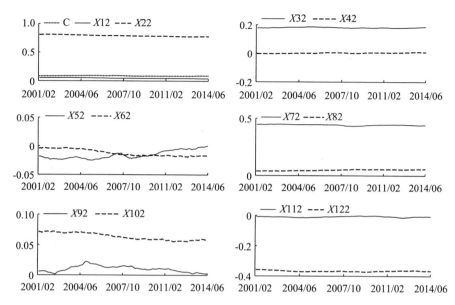

图 5.26 利率 （*NRgap*）方程所有时变参数全部时期的估计值

表 5.13 汇率 （*REERgap*）方程各个时变参数描述性统计量

变量		观测值	均值	中值	最大值	最小值	标准差
C	常数项	160	0.1819	0.1819	0.1868	0.1740	0.0024
M2gap	X13	160	− 0.0006	0.0001	0.0164	− 0.0175	0.0105
	X23	160	− 0.1859	− 0.1859	− 0.1824	− 0.1898	0.0018
NRgap	X33	160	− 0.0175	− 0.0214	− 0.0048	− 0.0264	0.0075
	X43	160	0.0393	0.0443	0.0508	0.0115	0.0115
REERgap	X53	160	− 0.3550	− 0.3562	− 0.3412	− 0.3647	0.0064
	X63	160	− 0.0190	− 0.0189	− 0.0122	− 0.0261	0.0038
SPIgap	X73	160	− 0.0136	− 0.0135	− 0.0077	− 0.0197	0.0036
	X83	160	− 0.0065	− 0.0060	0.0041	− 0.0184	0.0050
HPIgap	X93	160	− 0.2269	− 0.2243	− 0.2193	− 0.2373	0.0056
	X103	160	0.5662	0.5679	0.5728	0.5544	0.0054
IR	X113	160	− 0.0167	− 0.0183	− 0.0013	− 0.0234	0.0055
	X123	160	− 0.0911	− 0.0915	− 0.0844	− 0.0965	0.0030
变量		偏度	峰度	JB 统计量	概率	总和	离差平方和
C	常数项	− 0.8068	4.6423	35.3395	0.0000	29.0980	0.0009

变量		偏度	峰度	JB 统计量	概率	总和	离差平方和
M2gap	X13	-0.2099	1.7754	11.1725	0.0037	-0.1019	0.0176
	X23	0.0078	2.1902	4.3729	0.1123	-29.7421	0.0005
NRgap	X33	0.4184	1.4565	20.5503	0.0000	-2.8056	0.0089
	X43	-1.2111	3.1912	39.3574	0.0000	6.2811	0.0210
REERgap	X53	0.5353	1.9999	14.3106	0.0008	-56.8023	0.0065
	X63	-0.2467	1.9354	9.1778	0.0102	-3.0324	0.0023
SPIgap	X73	-0.0498	1.5966	13.1963	0.0014	-2.1684	0.0020
	X83	-0.4511	2.9461	5.4448	0.0657	-1.0436	0.0040
HPIgap	X93	-0.5853	1.7917	18.8692	0.0001	-36.2992	0.0050
	X103	-0.7872	2.2536	20.2406	0.0000	90.5971	0.0046
IR	X113	1.3224	3.9427	52.5608	0.0000	-2.6686	0.0048
	X123	0.2431	2.2687	5.1415	0.0765	-14.5823	0.0014

　　为了简洁起见，本书没有将汇率（REERgap）方程所有时变参数全部时期的估计值用表一一列示，但画图进行描述了，具体见图5.27。从图5.27可知，汇率（REERgap）方程各个时变参数估计都比较合理，

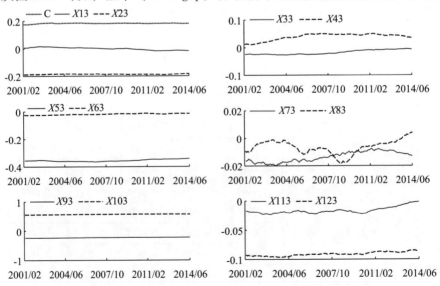

图 5.27　汇率（REERgap）方程所有时变参数全部时期的估计值

没有出现异常情况。

（4）股票价格（$SPIgap$）方程的时变参数（X）的估计结果

基于 MI – TVP – SV – VAR 模型，本书对股票价格（$SPIgap$）方程的时变参数（X）进行了估计，具体结果见表 5.14。从表 5.14 可知，股票价格（$SPIgap$）方程各个时变参数估计都比较合理，没有出现异常情况。

表 5.14　股票价格（$SPIgap$）方程各个时变参数描述性统计量

变量		观测值	均值	中值	最大值	最小值	标准差
C	常数项	160	−0.0280	−0.0280	−0.0197	−0.0361	0.0043
M2gap	X14	160	0.0905	0.0903	0.0947	0.0858	0.0020
	X24	160	−0.0945	−0.0939	−0.0907	−0.0997	0.0022
NRgap	X34	160	−0.0210	−0.0207	−0.0105	−0.0343	0.0069
	X44	160	0.8887	0.8866	0.9039	0.8814	0.0056
REERgap	X54	160	0.0127	0.0129	0.0180	0.0072	0.0030
	X64	160	0.0212	0.0220	0.0257	0.0138	0.0032
SPIgap	X74	160	0.0868	0.0876	0.1005	0.0727	0.0086
	X84	160	0.3785	0.3785	0.3829	0.3735	0.0019
HPIgap	X94	160	0.0253	0.0254	0.0279	0.0206	0.0012
	X104	160	0.0131	0.0120	0.0280	−0.0079	0.0106
IR	X114	160	1.0068	1.0087	1.0164	0.9910	0.0075
	X124	160	−0.0064	−0.0084	0.0152	−0.0176	0.0077
变量		偏度	峰度	JB统计量	概率	总和	离差平方和
C	常数项	−0.1180	1.9801	7.3057	0.0259	−4.4862	0.0030
M2gap	X14	−0.0106	2.0860	5.5724	0.0617	14.4824	0.0007
	X24	−0.4877	2.1704	10.9322	0.0042	−15.1253	0.0007
NRgap	X34	−0.4001	2.0419	10.3881	0.0055	−3.3643	0.0076
	X44	0.9224	2.8901	22.7689	0.0000	142.1902	0.0050
REERgap	X54	−0.0945	1.6854	11.7596	0.0028	2.0336	0.0015
	X64	−0.7948	2.3780	19.4264	0.0001	3.3869	0.0016
SPIgap	X74	0.0283	1.6850	11.5488	0.0031	13.8820	0.0118
	X84	−0.1915	2.9085	1.0342	0.5963	60.5599	0.0006

变量		偏度	峰度	JB 统计量	概率	总和	离差平方和
HPIgap	*X*94	− 0. 5488	3. 7569	11. 8497	0. 0027	4. 0529	0. 0002
	*X*104	− 0. 2605	1. 9053	9. 7987	0. 0075	2. 0975	0. 0178
IR	*X*114	− 0. 6620	2. 1951	16. 0068	0. 0003	161. 0896	0. 0089
	*X*124	0. 8635	3. 3283	20. 6015	0. 0000	− 1. 0195	0. 0093

为了简洁起见，本书没有将股票价格（*SPIgap*）方程所有时变参数全部时期的估计值用表一一列示，但画图进行描述了，具体见图 5. 28。从图 5. 28 可知，股票价格（*SPIgap*）方程各个时变参数估计都比较合理，没有出现异常情况。

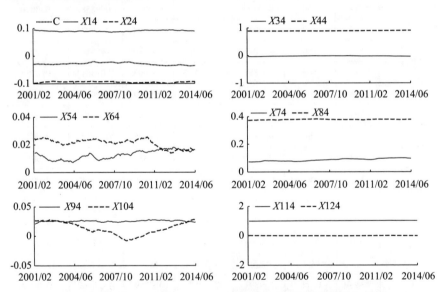

图 5. 28　股票价格（*SPIgap*）方程所有时变参数全部时期的估计值

（5）房地产价格（*HPIgap*）方程的时变参数（*X*）的估计结果

基于 MI - TVP - SV - VAR 模型，本书对房地产价格（*HPIgap*）方程的时变参数（*X*）进行了估计，具体结果见表 5. 15。从表 5. 15 可知，房地产价格（*HPIgap*）方程各个时变参数估计都比较合理，没有出现异常情况。

表 5.15　房地产价格（*HPIgap*）方程各个时变参数描述性统计量

变量		观测值	均值	中值	最大值	最小值	标准差
C	常数项	160	− 0.2794	− 0.2791	− 0.2764	− 0.2828	0.0017
M2gap	X15	160	− 0.0016	0.0003	0.0190	− 0.0291	0.0175
	X25	160	0.0095	0.0157	0.0239	− 0.0185	0.0129
NRgap	X35	160	− 0.0472	− 0.0470	− 0.0365	− 0.0553	0.0042
	X45	160	0.0772	0.0772	0.0802	0.0747	0.0012
REERgap	X55	160	− 0.1450	− 0.1448	− 0.1404	− 0.1521	0.0028
	X65	160	0.0096	0.0089	0.0190	0.0041	0.0035
SPIgap	X75	160	− 0.3541	− 0.3536	− 0.3505	− 0.3595	0.0024
	X85	160	0.0518	0.0542	0.0601	0.0362	0.0064
HPIgap	X95	160	0.0253	0.0254	0.0279	0.0206	0.0012
	X105	160	0.0131	0.0120	0.0280	− 0.0079	0.0106
IR	X115	160	1.0068	1.0087	1.0164	0.9910	0.0075
	X125	160	− 0.0064	− 0.0084	0.0152	− 0.0176	0.0077

变量		偏度	峰度	JB 统计量	概率	总和	离差平方和
C	常数项	− 0.3467	2.0323	9.4480	0.0089	− 44.7109	0.0005
M2gap	X15	− 0.1848	1.3518	19.0202	0.0001	− 0.2540	0.0485
	X25	− 0.7989	2.2406	20.8643	0.0000	1.5160	0.0266
NRgap	X35	0.1321	2.1533	5.2447	0.0726	− 7.5587	0.0028
	X45	0.3668	2.8630	3.7136	0.1562	12.3505	0.0002
REERgap	X55	− 0.6629	2.8952	11.7924	0.0028	− 23.2025	0.0013
	X65	0.8358	3.4119	19.7576	0.0001	1.5350	0.0019
SPIgap	X75	− 0.5268	2.2086	11.5762	0.0031	− 56.6537	0.0009
	X85	− 1.1860	3.1537	37.6639	0.0000	8.2898	0.0065
HPIgap	X95	− 0.5488	3.7569	11.8497	0.0027	4.0529	0.0002
	X105	− 0.2605	1.9053	9.7987	0.0075	2.0975	0.0178
IR	X115	− 0.6620	2.1951	16.0068	0.0003	161.0896	0.0089
	X125	0.8635	3.3283	20.6015	0.0000	− 1.0195	0.0093

　　为了简洁起见，本书没有将房地产价格（*HPIgap*）方程所有时变参数全部时期的估计值用表一一列示，但画图进行描述了，具体见图 5.29。从图 5.29 可知，房地产价格（*HPIgap*）方程各个时变参数估计

都比较合理，没有出现异常情况。

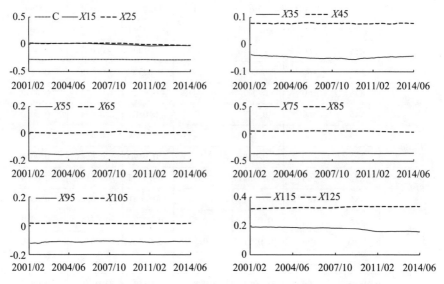

图 5.29　房地产价格（*HPIgap*）方程所有时变参数全部时期的估计值

（6）通货膨胀（*IR*）方程的时变参数（*X*）的估计结果

基于 MI – TVP – SV – VAR 模型，本书对通货膨胀（*IR*）方程的时变参数（*X*）进行了估计，具体结果见表 5.16。从表 5.16 可知，通货膨胀（*IR*）方程各个时变参数估计都比较合理，没有出现异常情况。

表 5.16　通货膨胀（*IR*）方程各个时变参数描述性统计量

变量		观测值	均值	中值	最大值	最小值	标准差
C	常数项	160	− 0.2794	− 0.2791	− 0.2764	− 0.2828	0.0017
M2gap	X16	160	− 0.0016	0.0003	0.0190	− 0.0291	0.0175
	X26	160	0.0095	0.0157	0.0239	− 0.0185	0.0129
NRgap	X36	160	− 0.0472	− 0.0470	− 0.0365	− 0.0553	0.0042
	X46	160	0.0772	0.0772	0.0802	0.0747	0.0012
REERgap	X56	160	− 0.1450	− 0.1448	− 0.1404	− 0.1521	0.0028
	X66	160	0.0096	0.0089	0.0190	0.0041	0.0035
SPIgap	X76	160	− 0.3541	− 0.3536	− 0.3505	− 0.3595	0.0024
	X86	160	0.0518	0.0542	0.0601	0.0362	0.0064

续表

变量		观测值	均值	中值	最大值	最小值	标准差
HPIgap	X96	160	0.0253	0.0254	0.0279	0.0206	0.0012
	X106	160	0.0131	0.0120	0.0280	− 0.0079	0.0106
IR	X116	160	1.0068	1.0087	1.0164	0.9910	0.0075
	X126	160	− 0.0064	− 0.0084	0.0152	− 0.0176	0.0077

变量		偏度	峰度	JB 统计量	概率	总和	离差平方和
C	常数项	− 0.0148	2.1045	5.3523	0.0688	10.7741	0.0022
M2gap	X16	1.3090	3.6319	48.3574	0.0000	− 5.9173	0.0194
	X26	0.1010	2.5614	1.5546	0.4597	40.6629	0.0003
NRgap	X36	0.2147	2.2402	5.0774	0.0790	12.1938	0.0026
	X46	− 0.1666	2.5670	1.9902	0.3697	22.7362	0.0012
REERgap	X56	− 0.2081	1.4083	18.0451	0.0001	− 29.0185	0.0202
	X66	0.4884	2.4844	8.1328	0.0171	15.9806	0.0009
SPIgap	X76	0.9007	2.1695	26.2331	0.0000	− 22.6129	0.0061
	X86	0.7866	2.3900	17.6204	0.0001	4.6713	0.0053
HPIgap	X96	0.8679	3.0736	20.1240	0.0000	13.0341	0.0006
	X106	0.1122	1.9342	7.9080	0.0192	− 43.5219	0.0087
IR	X116	0.3988	1.5985	17.3367	0.0002	− 10.1175	0.0022
	X126	1.4506	3.9874	62.6132	0.0000	27.2826	0.0041

　　为了简洁起见，本书没有将通货膨胀（IR）方程所有时变参数全部时期的估计值用表一一列示，但画图进行描述了，具体见图 5.30。从图 5.30 可知，通货膨胀（IR）方程各个时变参数估计都比较合理，没有出现异常情况。

5.3.2　量测方程误差项的对数随机方差和随机同期协方差的估计结果

（1）随机对数波动率（h）的估计结果

　　基于 MI‑TVP‑SV‑VAR 模型，本书对量测方程误差项的对数随机方差（h）进行了估计，具体结果见表 5.17。从表 5.17 可知，量测方程误差项的对数随机方差（h）的估计值都比较合理，没有出现异常情况。

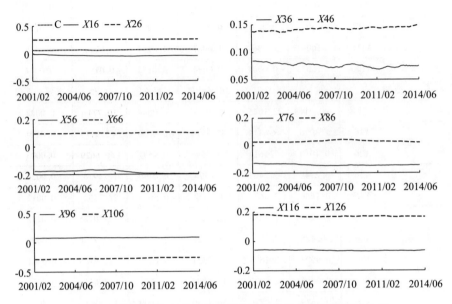

图 5.30 通货膨胀（IR）方程所有时变参数全部时期的估计值

表 5.17 量测方程误差项的对数随机方差（h）估计值描述性统计量

变量		观测值	均值	中值	最大值	最小值	标准差
M2gap	h1	160	1.3777	0.1820	35.3893	0.1087	4.7919
NRgap	h2	160	1.2581	1.1594	4.3583	1.1258	0.4107
REERgap	h3	160	0.9911	0.2807	19.7113	0.1999	2.7293
SPIgap	h4	160	1.1983	0.7059	13.1015	0.5735	1.8047
HPIgap	h5	160	0.7346	0.3375	10.1741	0.2577	1.4525
IR	h6	160	1.2437	0.6606	15.3753	0.5077	2.1934
变量		偏度	峰度	JB 统计量	概率	总和	离差平方和
M2gap	h1	4.7841	26.9918	4447.6990	0.0000	220.4388	3651.0430
NRgap	h2	5.0895	30.8789	5872.3090	0.0000	201.2949	26.8145
REERgap	h3	4.5903	24.9368	3770.0330	0.0000	158.5783	1184.4300
SPIgap	h4	4.3505	22.5754	3059.3700	0.0000	191.7310	517.8702
HPIgap	h5	4.3182	22.1053	2930.6510	0.0000	117.5347	335.4404
IR	h6	4.3162	22.0006	2903.5970	0.0000	198.9985	764.9326

　　为了简洁起见，本书没有将量测方程误差项的对数随机方差（h）全部时期的估计值用表一一列示，但画图进行描述了，具体见图5.31。从图5.31可知，量测方程误差项的对数随机方差（h）估计值都比较合理，没有出现异常情况。

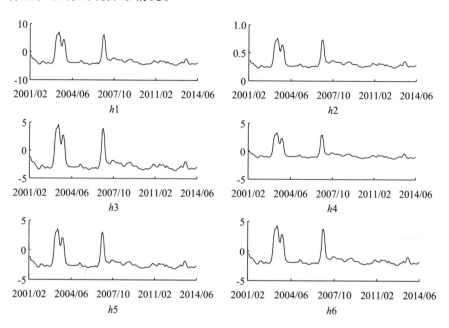

图5.31　量测方程误差项的对数随机方差（h）全部时期的估计值

（2）随机同期协方差（α）的估计结果

　　基于 MI－TVP－SV－VAR 模型，本书对量测方程误差项的随机同期协方差（α）进行了估计，具体结果见表5.18。从表5.18可知，量测方程误差项的随机同期协方差（α）的估计值都比较合理，没有出现异常情况。

　　为了简洁起见，本书没有将量测方程误差项的随机同期协方差（α）全部时期的估计值用表一一列示，但画图进行描述了，具体见图5.32。从图5.32可知，量测方程误差项的随机同期协方差（α）估计值都比较合理，没有出现异常情况。

表 5.18　量测方程误差项的随机同期协方差（α）估计值描述性统计量

变量	观测值	均值	中值	最大值	最小值	标准差
$\alpha 21$	160	0.0693	0.0693	0.0719	0.0669	0.0012
$\alpha 31$	160	− 0.4344	− 0.4342	− 0.4275	− 0.4404	0.0038
$\alpha 32$	160	0.0263	0.0254	0.0474	0.0025	0.0163
$\alpha 41$	160	− 0.2765	− 0.2776	− 0.2709	− 0.2799	0.0026
$\alpha 42$	160	− 0.0108	− 0.0115	− 0.0012	− 0.0188	0.0048
$\alpha 43$	160	0.2674	0.2665	0.2717	0.2643	0.0025
$\alpha 51$	160	− 0.1282	− 0.1262	− 0.1240	− 0.1371	0.0039
$\alpha 52$	160	− 0.0733	− 0.0773	− 0.0533	− 0.0896	0.0136
$\alpha 53$	160	0.0956	0.0958	0.0981	0.0935	0.0011
$\alpha 54$	160	− 0.0160	− 0.0147	− 0.0106	− 0.0236	0.0037
$\alpha 61$	160	0.1796	0.1789	0.1902	0.1699	0.0063
$\alpha 62$	160	0.3238	0.3252	0.3800	0.2592	0.0429
$\alpha 63$	160	− 0.0893	− 0.0893	− 0.0870	− 0.0917	0.0011
$\alpha 64$	160	− 0.0045	− 0.0032	− 0.0003	− 0.0114	0.0031
$\alpha 65$	160	0.4040	0.4043	0.4165	0.3916	0.0086

变量	偏度	峰度	JB 统计量	概率	总和	离差平方和
$\alpha 21$	0.1922	2.1138	6.2205	0.0446	11.0804	0.0002
$\alpha 31$	0.1658	1.8435	9.6500	0.0080	− 69.5098	0.0023
$\alpha 32$	0.0130	1.3216	18.7852	0.0001	4.2062	0.0423
$\alpha 41$	0.8584	2.3315	22.6263	0.0000	− 44.2357	0.0011
$\alpha 42$	0.4196	2.3156	7.8174	0.0201	− 1.7355	0.0036
$\alpha 43$	0.5478	1.7949	17.6846	0.0001	42.7873	0.0010
$\alpha 51$	− 0.9230	2.2673	26.2977	0.0000	− 20.5162	0.0025
$\alpha 52$	0.3221	1.4047	19.7339	0.0001	− 11.7355	0.0295
$\alpha 53$	− 0.1658	2.0668	6.5396	0.0380	15.2982	0.0002
$\alpha 54$	− 0.5504	1.9181	15.8823	0.0004	− 2.5591	0.0022
$\alpha 61$	− 0.0008	1.6427	12.2812	0.0022	28.7323	0.0063
$\alpha 62$	− 0.1451	1.5113	15.3364	0.0005	51.8054	0.2928
$\alpha 63$	− 0.0864	2.0991	5.6094	0.0605	− 14.2904	0.0002
$\alpha 64$	− 0.8187	2.4833	19.6530	0.0001	− 0.7126	0.0016
$\alpha 65$	− 0.0468	1.4694	15.6775	0.0004	64.6387	0.0119

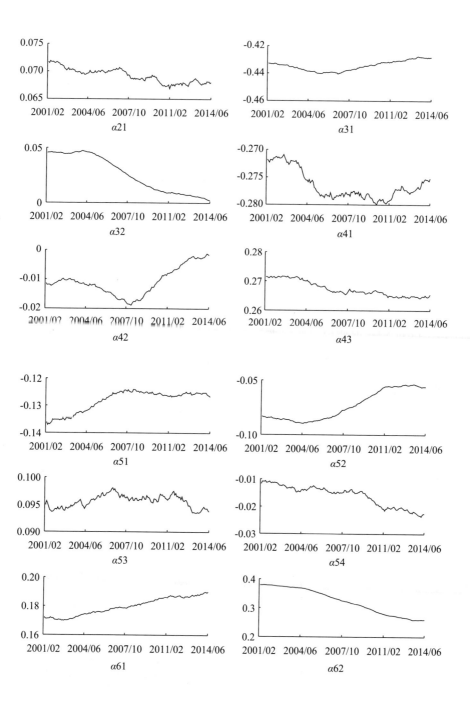

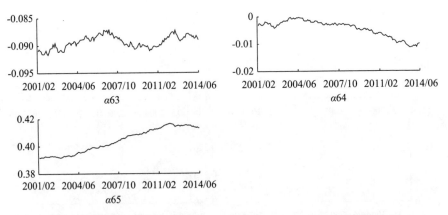

图 5.32　量测方程误差项的随机同期协方差（α）全部时期的估计值

5.3.3　MI－TVP－SV－VAR 模型灵活动态的参数演进特征分析

（1）混合创新项（K_1、K_2、K_3）的估计结果

基于 MI－TVP－SV－VAR 模型，在实证分析中，我们知道 K_1、K_2 和 K_3 控制了 X_t、h_t 和 α_t 的演进方式，本书对混合创新项（K_1、K_2 和 K_3）进行了估计，具体结果见表 5.19。从表 5.19 可知，混合创新项（K_1、K_2 和 K_3）的估计值都比较合理，没有出现异常情况。

表 5.19　混合创新项（K_1、K_2 和 K_3）估计值的描述性统计量

变量	观测值	均值	中值	最大值	最小值	标准差
$K1$	160	0.6388	0.6038	1.0000	0.5350	0.0885
$K2$	160	0.9587	0.9538	1.0000	0.9195	0.0214
$K3$	160	0.3704	0.3660	1.0000	0.3300	0.0522
变量	偏度	峰度	JB 统计量	概率	总和	离差平方和
$K1$	1.5024	5.1266	90.3419	0.0000	102.2010	1.2453
$K2$	0.3939	1.9975	10.8387	0.0044	153.3985	0.0728
$K3$	11.0420	133.7963	117302.5000	0.0000	59.2570	0.4336

为了简洁起见，本书没有将混合创新项（K_1、K_2 和 K_3）所有时变

参数全部时期的估计值用表一一列示，但画图进行描述了，具体见图 5.33。从图 5.33 可知，混合创新项（K_1、K_2 和 K_3）各个时变参数估计都比较合理，没有出现异常情况。

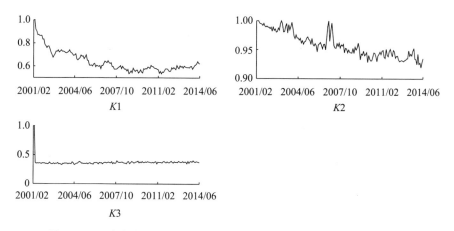

图 5.33　混合创新项（K_1、K_2 和 K_3）所有时变参数全部时期的估计值

（2）混合创新项（K_1、K_2、K_3）后验期望概率的估计结果

在本书的实证分析中，本书知道，K_1、K_2、K_3 控制了 X_t、h_t 和 α_t 的演进方式，而本书实证分析的结果显示，$\sum K_1 = 102$，$\sum K_2 = 153$，$\sum K_3 = 59$。这些数据表明，在本书实际使用的 160 个样本点中，VAR 系数 X_t 发生结构变化的次数为 102 次，h_t 发生结构变化的次数为 153 次，α_t 发生结构变化的次数为 59 次。另外在每一个时点上，X_t、h_t 和 α_t 发生结构变化的后验期望概率分别为：

①X_t 状态空间方程的混合创新项（K_1）的后验期望概率的估计值：

$$E(p_{K_1} \mid data) = 0.6298$$

②h_t 状态空间方程的混合创新项（K_2）的后验期望概率的估计值：

$$E(p_{K_2} \mid data) = 0.9249$$

③α_t 状态空间方程的混合创新项（K_3）的后验期望概率的估计值：

$$E(p_{K_3} \mid data) = 0.3789$$

这个结果可以看出各个参数在每个结点发生变化的概率还是很高的，它会直接导致变化的幅度减小，使得参数的演进是渐近的。

5.4　实证测度中国灵活动态金融状况指数

5.4.1　灵活动态的脉冲响应函数值分析

基于建立的 MI – TVP – SV – VAR 模型，分析 24 个月内通货膨胀（IR）对来自货币供应量（$M2gap$）、利率（$NRgap$）、汇率（$REER-gap$）、股票价格（$SPIgap$）和房地产价格（$HPIgap$）单位冲击的脉冲响应函数值，结果如图 5.34 ~ 图 5.37 所示。通货膨胀（IR）对 5 个金融变量的单位信息冲击的脉冲响应函数是灵活动态的，呈现立体变化。

（1）通货膨胀对货币供应量的灵活动态脉冲响应分析

根据经典的货币供求理论，货币供应量的扩张和收缩，在经过一段时间的时滞后，会引起通货膨胀的上升和下降。下面通过灵活动态的脉冲响应函数分析来检验，见表 5.20 和图 5.34。从表 5.20 和图 5.34 中可以得到以下内容。

首先，从不同的脉冲响应期数来看，中国货币供应量对通货膨胀的影响基本是正向的，这种影响的演进方式是灵活的。除了第 1、2 期因为时滞为负以外，第 3 ~ 24 期的 $M2gap$ 的单位正向冲击基本上都对 IR 产生较稳定的正向影响，该影响随期数的增加缓慢地小幅度扩大，从第 7 期开始基本稳定，基本维持在 0.1 左右；同时也发现少数特殊时刻的脉冲响应函数值变化很大，即 2003 年"非典"期间、2006 年底至 2007 年初经济过热时期和 2008 年底至 2009 年初的金融危机时期，这主要是因为这些时期中国经济达到阶段的低点或者高点，货币供应量的扩张和收缩对通货膨胀产生巨大的影响。因此，灵活性特征很明显。

其次，从不同的样本期数看，中国货币供应量对通货膨胀的影响也基本是正向的，这种影响的演进方式是动态的。整个样本期几乎所有月份的脉冲响应函数值都是不一样的，呈现驼峰特征。因此，动态性特征很明显。

最后，从整体来看，本书得到通货膨胀（*IR*）对来自货币供应量（*M2gap*）标准冲击的灵活动态脉冲响应函数分析结果不但符合经典的货币理论，而且具有灵活动态特征。

表 5. 20　通货膨胀对货币供应量的脉冲响应函数值描述性统计量

期数	观测值	均值	中值	最大值	最小值	标准差
第 1 期	160	− 0. 1544	− 0. 0230	− 0. 0128	− 4. 1061	0. 5327
第 2 期	160	− 0. 0619	− 0. 0091	− 0. 0054	− 1. 7237	0. 2176
第 3 期	160	0. 1858	0. 0269	4. 7839	0. 0162	0. 6411
第 4 期	160	0. 3797	0. 0530	9. 7279	0. 0311	1. 3125
第 5 期	160	0. 5340	0. 0759	13. 3898	0. 0451	1. 8389
第 6 期	160	0. 6180	0. 0870	15. 4514	0. 0546	2. 1199
第 7 期	160	0. 6723	0. 0953	16. 9770	0. 0573	2. 3109
第 8 期	160	0. 6611	0. 0946	16. 7024	0. 0543	2. 2863
第 9 期	160	0. 6198	0. 0938	15. 4752	0. 0516	2. 1171
第 10 期	160	0. 5416	0. 0880	14. 1420	0. 0453	1. 8424
第 11 期	160	0. 5149	0. 0852	13. 8048	0. 0444	1. 7648
第 12 期	160	0. 4683	0. 0771	12. 7807	0. 0434	1. 6176
第 13 期	160	0. 4637	0. 0719	13. 8943	0. 0415	1. 6486
第 14 期	160	0. 4257	0. 0640	13. 1963	0. 0361	1. 5550
第 15 期	160	0. 4212	0. 0606	13. 9901	0. 0276	1. 5823
第 16 期	160	0. 3845	0. 0502	13. 2664	0. 0232	1. 4908
第 17 期	160	0. 3909	0. 0526	13. 6104	0. 0154	1. 5158
第 18 期	160	0. 3852	0. 0448	14. 0733	0. 0077	1. 5194
第 19 期	160	0. 4238	0. 0485	15. 3391	0. 0119	1. 6631
第 20 期	160	0. 4072	0. 0445	13. 3617	0. 0053	1. 5629
第 21 期	160	0. 4928	0. 0528	18. 1673	0. 0042	1. 9583
第 22 期	160	0. 4827	0. 0496	16. 9139	0. 0031	1. 9110
第 23 期	160	0. 5278	0. 0537	18. 8802	0. 0043	2. 0885
第 24 期	160	0. 5135	0. 0508	14. 8532	0. 0079	1. 9304

期数	偏度	峰度	JB 统计量	概率	总和	离差平方和
第 1 期	-4.9162	28.9710	5141.1250	0.0000	-24.7038	45.1155
第 2 期	-5.0879	31.1601	5976.9250	0.0000	-9.9105	7.5277
第 3 期	4.8168	27.4326	4598.3740	0.0000	29.7200	65.3519
第 4 期	4.7875	27.0297	4460.7180	0.0000	60.7564	273.9206
第 5 期	4.7393	26.3033	4219.2550	0.0000	85.4357	537.6846
第 6 期	4.7245	26.1748	4175.7060	0.0000	98.8801	714.5419
第 7 期	4.7541	26.5393	4296.6950	0.0000	107.5660	849.0693
第 8 期	4.7744	26.6036	4322.0520	0.0000	105.7703	831.1053
第 9 期	4.7507	26.3786	4245.5620	0.0000	99.1725	712.6222
第 10 期	4.9085	28.7757	5071.7440	0.0000	86.6633	539.7350
第 11 期	5.0161	30.1092	5570.3490	0.0000	82.3766	495.2041
第 12 期	5.0975	31.1123	5961.5760	0.0000	74.9333	416.0673
第 13 期	5.4832	36.7165	8380.4090	0.0000	74.1948	432.1585
第 14 期	5.6159	38.1696	9087.0510	0.0000	68.1056	384.4638
第 15 期	5.9191	42.7927	11490.6700	0.0000	67.3896	398.1085
第 16 期	6.1285	45.4379	13008.0800	0.0000	61.5211	353.3761
第 17 期	6.2082	46.8053	13820.4900	0.0000	62.5411	365.3048
第 18 期	6.3004	49.0286	15182.7800	0.0000	61.6302	367.0775
第 19 期	6.2480	48.3373	14744.1400	0.0000	67.8038	439.7762
第 20 期	5.7557	40.2770	10147.2400	0.0000	65.1511	388.3861
第 21 期	6.2214	48.2575	14687.1000	0.0000	78.8432	609.7286
第 22 期	6.0153	43.7921	12058.2300	0.0000	77.2362	580.6741
第 23 期	6.0720	45.3609	12946.1100	0.0000	84.4402	693.5366
第 24 期	5.2198	32.0015	6333.8110	0.0000	82.1611	592.5143

(2) 通货膨胀对利率的灵活动态脉冲响应分析

根据经典的利率理论,利率的上升和下降会引起通货膨胀的下降和上升。这是因为当利率下降时,居民的储蓄意愿减弱,消费意愿增强,从而会导致商品价格上升。下面通过灵活动态的脉冲响应函数分析来看其是否与理论相符,见表 5.21 和图 5.35。从表 5.21 和图 5.35 可以得

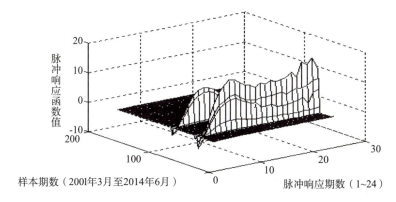

样本期数（2001年3月至2014年6月）

脉冲响应期数（1~24）

图 5.34 *IR* 对 *M2gap* 的脉冲响应函数

到以下内容。

表 5.21 通货膨胀对利率脉冲响应函数值描述性统计量

期数	观测值	均值	中值	最大值	最小值	标准差
第 1 期	160	− 0.4186	− 0.4286	− 0.3243	− 0.5917	0.0670
第 2 期	160	− 0.2453	− 0.2524	− 0.1653	− 0.3724	0.0543
第 3 期	160	− 0.2167	− 0.2125	− 0.1672	− 0.3023	0.0296
第 4 期	160	− 0.1816	− 0.1733	− 0.1519	− 0.2443	0.0223
第 5 期	160	− 0.1599	− 0.1602	− 0.1196	− 0.2209	0.0242
第 6 期	160	− 0.1358	− 0.1450	− 0.0769	− 0.2071	0.0350
第 7 期	160	− 0.1144	− 0.1284	− 0.0354	− 0.2029	0.0488
第 8 期	160	− 0.0934	− 0.1038	− 0.0001	− 0.2163	0.0604
第 9 期	160	− 0.0747	− 0.0870	0.0372	− 0.2201	0.0691
第 10 期	160	− 0.0629	− 0.0683	0.0647	− 0.2417	0.0765
第 11 期	160	− 0.0548	− 0.0603	0.0919	− 0.2643	0.0835
第 12 期	160	− 0.0560	− 0.0482	0.1032	− 0.3098	0.0909
第 13 期	160	− 0.0565	− 0.0544	0.1140	− 0.2973	0.0942
第 14 期	160	− 0.0622	− 0.0533	0.1046	− 0.3513	0.0954
第 15 期	160	− 0.0637	− 0.0552	0.1149	− 0.3462	0.0949
第 16 期	160	− 0.0740	− 0.0608	0.0916	− 0.3682	0.0974
第 17 期	160	− 0.0776	− 0.0641	0.0899	− 0.4493	0.1051
第 18 期	160	− 0.0872	− 0.0683	0.0817	− 0.5380	0.1146

期数	观测值	均值	中值	最大值	最小值	标准差
第 19 期	160	− 0.0880	− 0.0689	0.0847	− 0.5034	0.1153
第 20 期	160	− 0.1039	− 0.0818	0.0670	− 0.5423	0.1222
第 21 期	160	− 0.1101	− 0.0784	0.0616	− 0.5968	0.1317
第 22 期	160	− 0.1285	− 0.1007	0.0467	− 0.7740	0.1472
第 23 期	160	− 0.1349	− 0.0950	0.0374	− 0.7841	0.1532
第 24 期	160	− 0.1532	− 0.1115	0.0230	− 0.9036	0.1645

期数	偏度	峰度	JB 统计量	概率	总和	离差平方和
第 1 期	− 0.3086	2.3774	5.1231	0.0772	− 66.9781	0.7142
第 2 期	− 0.1489	2.0205	6.9872	0.0304	− 39.2477	0.4695
第 3 期	− 0.5124	3.0518	7.0199	0.0299	− 34.6681	0.1392
第 4 期	− 0.9652	3.0722	24.8792	0.0000	− 29.0493	0.0791
第 5 期	− 0.2085	2.2110	5.3096	0.0703	− 25.5809	0.0933
第 6 期	0.0751	1.6854	11.6722	0.0029	− 21.7291	0.1947
第 7 期	0.0712	1.5419	14.3084	0.0008	− 18.3056	0.3788
第 8 期	0.0309	1.5477	14.0861	0.0009	− 14.9478	0.5797
第 9 期	− 0.0001	1.6712	11.7708	0.0028	− 11.9548	0.7584
第 10 期	− 0.0986	1.8807	8.6117	0.0135	− 10.0579	0.9307
第 11 期	− 0.2598	2.2768	5.2861	0.0711	− 8.7695	1.1074
第 12 期	− 0.4092	2.5633	5.7356	0.0568	− 8.9582	1.3135
第 13 期	− 0.4737	2.7806	6.3049	0.0427	− 9.0444	1.4121
第 14 期	− 0.6661	3.3692	12.7420	0.0017	− 9.9507	1.4468
第 15 期	− 0.5488	3.2350	8.4002	0.0150	− 10.1863	1.4318
第 16 期	− 0.6610	3.4806	13.1907	0.0014	− 11.8415	1.5092
第 17 期	− 0.9957	4.4438	40.3355	0.0000	− 12.4208	1.7573
第 18 期	− 1.4271	5.7843	105.9931	0.0000	− 13.9523	2.0889
第 19 期	− 1.4725	5.7898	109.7077	0.0000	− 14.0810	2.1120
第 20 期	− 1.5559	5.9387	122.1286	0.0000	− 16.6215	2.3756
第 21 期	− 1.6446	6.1050	136.3998	0.0000	− 17.6179	2.7570
第 22 期	− 2.0088	8.0310	276.3517	0.0000	− 20.5593	3.4470
第 23 期	− 2.2075	8.7739	352.1985	0.0000	− 21.5899	3.7295
第 24 期	− 2.4047	9.7477	457.7412	0.0000	− 24.5132	4.3032

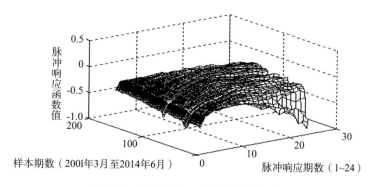

图 5.35　*IR* 对 *NRgap* 的脉冲响应函数

　　首先，从不同的脉冲响应期数来看，中国利率对通货膨胀的影响是负向的，其演进方式是灵活的。这表现在所有脉冲响应函数值都是负数时，除了第 1、第 2 期和第 22～24 期的绝对值比较大外，其余各期的脉冲响应函数值的绝对值都较小，且波动小，从而呈现两头短和大（绝对值）、中间长和小（绝对值）的哑铃式的演进方式。因此，灵活性特征很明显。

　　其次，从不同的样本期数看，中国利率对通货膨胀的影响是负向的，这种影响的演进方式是动态的。整个样本期几乎所有月份的脉冲响应函数值都是不一样的，其绝对值呈现"U"形演进方式。因此，时变性特征很明显。

　　最后，从整体看，本书得到通货膨胀（*IR*）对来自利率（*NRgap*）标准冲击的灵活动态脉冲响应函数分析结果不但符合经典的利率理论，而且具有灵活动态特征。

　　（3）通货膨胀对汇率的灵活动态脉冲响应分析

　　根据经典的汇率理论，汇率的上升和下降会引起通货膨胀的下降和上升。这是因为汇率下降表示人民币贬值，相对其他商品，以人民币标价的商品价格降低，国外对中国商品的需求增加，国内商品供给减少，商品价格上升，汇率的正向冲击对通货膨胀产生负向影响。下面通过灵活动态的脉冲响应函数分析来看其是否与理论相符，见图 5.36 和表 5.22。从图 5.36 和表 5.22 可以得到以下内容。

　　首先，从不同的脉冲响应期数来看，中国人民币汇率对通货膨胀的影响基本是负向的，这种影响的演进方式是灵活的。除了第 1、2 期因为时滞为正以外，第 3 ~ 24 期的 *REERgap* 的单位正向冲击基本上都对 *IR* 产生较稳定的负向影响，该影响的绝对值随期数的增加缓慢地小幅度扩大，从第 7 期开始基本稳定，基本维持在 0.1 左右；同时也发现少数特殊时刻的脉冲响应函数值变化很大，即 2003 年"非典"期间、2006 年底至 2007 年初经济过热时期和 2008 年底至 2009 年初的金融危机时期，这主要是因为这些时期中国经济达到阶段的低点或者高点，人民币汇率的贬值和升值对通货膨胀产生巨大的影响。因此，灵活性特征很明显。

　　其次，从不同的样本期数看，中国人民币汇率对通货膨胀的影响也基本是负向的，这种影响的演进方式是动态的。整个样本期几乎所有月份的脉冲响应函数值都是不一样的，呈现驼峰特征。

　　最后，从整体看，本书得到通货膨胀（*IR*）对来自人民币汇率（*REERgap*）标准冲击的灵活动态脉冲响应函数分析结果不但符合经典的汇率理论，而且具有灵活动态特征。

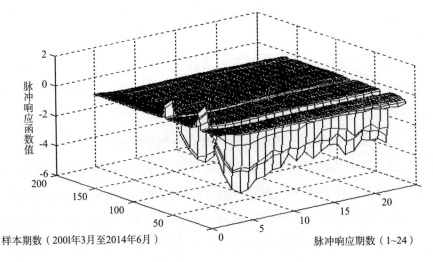

图 5.36　*IR* 对 *REERgap* 的脉冲响应函数

表 5.22　通货膨胀对汇率脉冲响应函数值描述性统计量

期数	观测值	均值	中值	最大值	最小值	标准差
第 1 期	160	0.0758	0.0294	1.1191	0.0205	0.1673
第 2 期	160	0.1005	0.0376	1.5486	0.0253	0.2275
第 3 期	160	− 0.1114	− 0.0467	− 0.0275	− 1.5616	0.2414
第 4 期	160	− 0.2229	− 0.0864	− 0.0593	− 3.2901	0.4947
第 5 期	160	− 0.2976	− 0.1146	− 0.0795	− 4.3997	0.6637
第 6 期	160	− 0.3068	− 0.1188	− 0.0768	− 4.7849	0.6910
第 7 期	160	− 0.3067	− 0.1209	− 0.0773	− 4.6883	0.6847
第 8 期	160	− 0.2707	− 0.1070	− 0.0677	− 4.1005	0.5972
第 9 期	160	− 0.2539	− 0.1013	− 0.0632	− 4.0386	0.5695
第 10 期	160	− 0.2176	− 0.0867	− 0.0518	− 3.6829	0.4925
第 11 期	160	− 0.2090	− 0.0835	− 0.0435	− 3.6570	0.4869
第 12 期	160	− 0.1751	− 0.0706	− 0.0330	− 2.8630	0.4083
第 13 期	160	− 0.1698	− 0.0599	− 0.0162	− 3.4430	0.4459
第 14 期	160	− 0.1410	− 0.0439	0.0025	− 2.9644	0.3873
第 15 期	160	− 0.1495	− 0.0388	0.0194	− 3.5334	0.4407
第 16 期	160	− 0.1305	− 0.0323	0.0190	− 3.1390	0.3965
第 17 期	160	− 0.1377	− 0.0376	0.0236	− 2.8421	0.3955
第 18 期	160	− 0.1321	− 0.0323	0.0268	2.9226	0.3781
第 19 期	160	− 0.1596	− 0.0363	0.0247	− 3.7418	0.4677
第 20 期	160	− 0.1514	− 0.0338	0.0337	− 3.5922	0.4575
第 21 期	160	− 0.1524	− 0.0369	0.0221	− 2.9608	0.4061
第 22 期	160	− 0.1534	− 0.0411	0.0229	− 3.1217	0.4115
第 23 期	160	− 0.1776	− 0.0474	0.0141	− 3.1242	0.4550
第 24 期	160	− 0.1888	− 0.0487	0.0117	− 3.5317	0.5045
期数	偏度	峰度	JB 统计量	概率	总和	离差平方和
第 1 期	4.1881	20.6450	2543.3740	0.0000	12.1261	4.4491
第 2 期	4.2133	20.9850	2629.7810	0.0000	16.0733	8.2265
第 3 期	− 4.1442	20.0340	2392.3700	0.0000	− 17.8300	9.2668
第 4 期	− 4.1342	20.1041	2406.1160	0.0000	− 35.6681	38.9195
第 5 期	− 4.1232	19.9759	2374.5500	0.0000	− 47.6224	70.0434
第 6 期	− 4.2110	21.1728	2674.5330	0.0000	− 49.0911	75.9155

续表

期数	偏度	峰度	JB 统计量	概率	总和	离差平方和
第 7 期	−4.1782	20.7757	2572.0510	0.0000	−49.0734	74.5486
第 8 期	−4.1939	20.9566	2618.6430	0.0000	−43.3059	56.7000
第 9 期	−4.3294	22.4904	3032.3370	0.0000	−40.6278	51.5684
第 10 期	−4.4953	24.8870	3732.4810	0.0000	−34.8098	38.5676
第 11 期	−4.6564	26.4228	4235.7210	0.0000	−33.4475	37.6873
第 12 期	−4.5402	24.6385	3671.1820	0.0000	−28.0147	26.5020
第 13 期	−5.1338	31.6931	6191.4310	0.0000	−27.1715	31.6125
第 14 期	−5.1715	31.9704	6308.4160	0.0000	−22.5638	23.8473
第 15 期	−5.2300	33.1015	6770.0620	0.0000	−23.9200	30.8736
第 16 期	−5.3254	33.7432	7057.2250	0.0000	−20.8844	24.9908
第 17 期	−4.9244	28.8379	5097.3200	0.0000	−22.0388	24.8704
第 18 期	−4.9523	29.9408	5492.7020	0.0000	−21.1312	22.7274
第 19 期	−5.1156	32.4611	6484.2150	0.0000	−25.5333	34.7875
第 20 期	−5.2778	33.3714	6892.2700	0.0000	−24.2310	33.2818
第 21 期	−4.6217	26.3888	4216.5140	0.0000	−24.3762	26.2154
第 22 期	−4.7544	28.2304	4846.5970	0.0000	−24.5465	26.9188
第 23 期	−4.3632	23.1649	3218.4890	0.0000	−28.4199	32.9188
第 24 期	−4.4827	24.3298	3568.9330	0.0000	−30.2107	40.4614

(4) 通货膨胀对股票价格的灵活动态脉冲响应分析

根据经典的股票财富效应理论、托宾"Q"理论，股票价格的上升和下降，在经过一段时滞后，会引起通货膨胀的上升和下降。一般而言，在股票价格上升的情况下，企业可能由于"Q"效应增加投资，居民可能由于财富效应增加消费，从而促使通货膨胀上升，反之亦然。下面通过灵活动态脉冲响应函数分析来看其是否与理论相符，见表 5.23 和图 5.37。从表 5.23 和图 5.37 可以得出以下内容。

首先，从不同的脉冲响应期数来看，中国股票价格对通货膨胀的影响基本是正向的，其演进方式是灵活的。除了第 1 期因为时滞为负以外，第 2~24 期的 $SPIgap$ 的单位正向冲击基本上都对 IR 产生较稳定的正向影响，该影响随期数的增加缓慢地小幅度扩大，从第 7 期开始基本稳定，基本维持在 0.2 左右；同时也发现少数特殊时刻的脉冲响应函数值变化很大，即 2003 年"非典"期间、2006 年底至 2007 年初经济过热时期和 2008 年底至 2009 年初的金融危机时期，这主要是因为这些时期中国经济达到阶段的低点或者高点，股票价格的上升和下降对通货膨胀产生巨大的影响。因此，灵活性特征很明显。

其次，从不同的样本期数看，中国股票价格对通货膨胀的影响也基本是正向的，这种影响的演进方式是动态的。整个样本期几乎所有月份的脉冲响应函数值都是不一样的，呈现驼峰特征。因此，动态性特征很明显。

最后，从整体来看，本书得到通货膨胀（IR）对来自股票价格（$M2gap$）标准冲击的灵活动态脉冲响应函数分析结果不但符合经典的股市理论，而且具有灵活动态特征。

表 5.23　通货膨胀对股票价格脉冲响应函数值描述性统计量

期数	观测值	均值	中值	最大值	最小值	标准差
第 1 期	160	− 0.0023	− 0.0007	0.0041	− 0.0345	0.0063
第 2 期	160	0.0480	0.0405	0.2262	0.0210	0.0362
第 3 期	160	0.1565	0.1238	0.8090	0.0847	0.1272
第 4 期	160	0.2420	0.1872	1.2678	0.1261	0.1979
第 5 期	160	0.2958	0.2248	1.5023	0.1422	0.2424
第 6 期	160	0.3473	0.2581	1.7626	0.1679	0.2875
第 7 期	160	0.3742	0.2799	1.9730	0.1723	0.3121
第 8 期	160	0.3949	0.2886	2.0996	0.1807	0.3341
第 9 期	160	0.3911	0.2882	2.1299	0.1654	0.3332
第 10 期	160	0.3887	0.2869	2.0564	0.1632	0.3335
第 11 期	160	0.3668	0.2665	1.9661	0.1322	0.3163
第 12 期	160	0.3481	0.2593	1.7081	0.1542	0.2805
第 13 期	160	0.3241	0.2342	1.7534	0.1213	0.2767
第 14 期	160	0.3013	0.2207	1.5738	0.1230	0.2567

续表

期数	观测值	均值	中值	最大值	最小值	标准差
第 15 期	160	0.2729	0.2033	1.4846	0.1106	0.2326
第 16 期	160	0.2628	0.2009	1.3951	0.1041	0.2202
第 17 期	160	0.2555	0.1916	1.5543	0.1036	0.2293
第 18 期	160	0.2694	0.2005	1.6950	0.0792	0.2659
第 19 期	160	0.2660	0.1890	1.6665	0.0605	0.2788
第 20 期	160	0.2775	0.1951	1.6338	0.0585	0.2867
第 21 期	160	0.2740	0.1955	1.7297	0.0506	0.2851
第 22 期	160	0.2850	0.1977	1.9290	0.0448	0.2948
第 23 期	160	0.2863	0.1987	2.0598	0.0408	0.3012
第 24 期	160	0.3196	0.2070	2.4537	0.0352	0.3569

期数	偏度	峰度	JB 统计量	概率	总和	离差平方和
第 1 期	-3.2525	14.3075	1134.5010	0.0000	-0.3752	0.0063
第 2 期	3.3500	14.2066	1136.5200	0.0000	7.6826	0.2086
第 3 期	3.5323	15.0569	1301.8480	0.0000	25.0399	2.5726
第 4 期	3.5037	14.8509	1263.6460	0.0000	38.7157	6.2285
第 5 期	3.4508	14.5526	1207.2950	0.0000	47.3260	9.3459
第 6 期	3.4434	14.6228	1216.7730	0.0000	55.5600	13.1415
第 7 期	3.4110	14.5115	1193.6860	0.0000	59.8718	15.4919
第 8 期	3.3768	14.3336	1160.4130	0.0000	63.1780	17.7494
第 9 期	3.4143	14.8565	1248.0420	0.0000	62.5739	17.6488
第 10 期	3.4497	15.1144	1295.7310	0.0000	62.1886	17.6818
第 11 期	3.4743	15.4223	1350.6500	0.0000	58.6943	15.9047
第 12 期	3.2536	13.6477	1038.1220	0.0000	55.6949	12.5072
第 13 期	3.4456	14.9748	1272.5610	0.0000	51.8600	12.1737
第 14 期	3.3897	14.5172	1190.6940	0.0000	48.2132	10.4737
第 15 期	3.4240	14.6398	1215.8560	0.0000	43.6581	8.6056
第 16 期	3.3635	14.2722	1148.7530	0.0000	42.0456	7.7125
第 17 期	3.5248	15.9439	1448.2740	0.0000	40.8805	8.3617
第 18 期	3.4018	14.8337	1242.1690	0.0000	43.0999	11.2428
第 19 期	3.2637	13.8399	1067.4100	0.0000	42.5676	12.3592
第 20 期	3.0752	12.5808	864.1349	0.0000	44.4078	13.0667

续表

期数	偏度	峰度	JB 统计量	概率	总和	离差平方和
第 21 期	3.0143	12.4656	839.6061	0.0000	43.8341	12.9268
第 22 期	3.1567	14.0309	1076.9370	0.0000	45.5946	13.8204
第 23 期	3.3446	15.9033	1408.2580	0.0000	45.8158	14.4271
第 24 期	3.3863	16.4059	1503.8990	0.0000	51.1439	20.2479

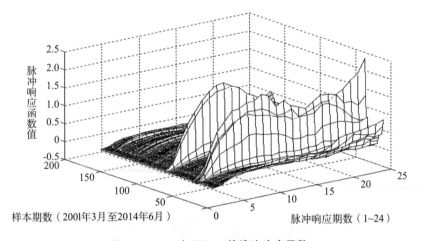

图 5.37　*IR* 对 *SPIgap* 的脉冲响应函数

（5）通货膨胀对房地产价格的灵活动态脉冲响应分析

根据经典的房地产资产财富效应理论、资产负债表理论和托宾"Q"理论，房地产价格的上升和下降，在经过一段时滞后，会引起通货膨胀的上升和下降。一般而言，在房地产价格上升的情况下，企业可能由于资产负债表效应和"Q"效应增加投资，居民可能由于资产负债表效应和财富效应增加消费，从而促使通货膨胀上升，反之亦然。下面通过灵活动态脉冲响应函数分析来看其是否与理论相符，见图 5.38 和表 5.24。从图 5.38 和表 5.24 可以得到以下内容。

首先，从不同的脉冲响应期数来看，中国房地产价格对通货膨胀的影响基本是正向的，这种影响的演进方式是灵活的。除了第 1～5 期因为时滞为负以外，第 6～24 期的 *HPIgap* 的单位正向冲击基本上都对 *IR* 产生较稳定的正向影响，该影响随期数的增加缓慢地小幅度扩大，从第

7 期开始基本稳定，基本维持在 0.05 左右；同时也发现少数特殊时刻的脉冲响应函数值变化很大，即 2003 年"非典"期间、2006 年底至 2007 年初经济过热时期和 2008 年底至 2009 年初的金融危机时期，这主要是因为这些时期中国经济达到阶段的低点或者高点，房地产价格的上升和下降通过比价效应等原因对通货膨胀产生巨大的影响。因此，灵活性特征很明显。

其次，从不同的样本期数看，中国房地产价格对通货膨胀的影响也基本是正向的，这种影响的演进方式是动态的。整个样本期几乎所有月份的脉冲响应函数值都是不一样的，呈现驼峰特征。

最后，从整体来看，本书得到通货膨胀（*IR*）对来自房地产价格（*HPIgap*）标准冲击的灵活动态脉冲响应函数分析结果不但符合经典的房地产价格理论，而且具有灵活动态特征。

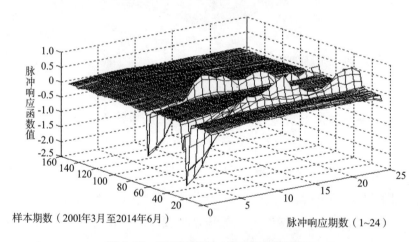

图 5.38   *IR* 对 *HPIgap* 的脉冲响应函数

表 5.24   通货膨胀对房地产价格脉冲响应函数值描述性统计量

期数	观测值	均值	中值	最大值	最小值	标准差
第 1 期	160	− 0.2045	− 0.1102	− 0.0838	− 2.1701	0.3312
第 2 期	160	− 0.1766	− 0.0913	− 0.0641	− 1.9558	0.2954
第 3 期	160	− 0.1451	− 0.0738	− 0.0471	− 1.5971	0.2479
第 4 期	160	− 0.0924	− 0.0450	− 0.0242	− 1.0783	0.1692

续表

期数	观测值	均值	中值	最大值	最小值	标准差
第 5 期	160	− 0. 0439	− 0. 0164	0. 0002	− 0. 6741	0. 1012
第 6 期	160	0. 0034	0. 0116	0. 1229	− 0. 2430	0. 0378
第 7 期	160	0. 0363	0. 0311	0. 5458	− 0. 0368	0. 0606
第 8 期	160	0. 0581	0. 0427	0. 7541	− 0. 0191	0. 0892
第 9 期	160	0. 0599	0. 0450	0. 7228	− 0. 0600	0. 0905
第 10 期	160	0. 0606	0. 0431	0. 5935	− 0. 0447	0. 0875
第 11 期	160	0. 0583	0. 0389	0. 6200	− 0. 0428	0. 0932
第 12 期	160	0. 0483	0. 0316	0. 5820	− 0. 0279	0. 0809
第 13 期	160	0. 0490	0. 0302	0. 7419	− 0. 0358	0. 0956
第 14 期	160	0. 0498	0. 0275	0. 9314	− 0. 0342	0. 1031
第 15 期	160	0. 0459	0. 0286	0. 5207	− 0. 0475	0. 0797
第 16 期	160	0. 0452	0. 0265	0. 5236	− 0. 0378	0. 0806
第 17 期	160	0. 0370	0. 0255	0. 4301	− 0. 0402	0. 0603
第 18 期	160	0. 0256	0. 0211	0. 2303	− 0. 0908	0. 0408
第 19 期	160	0. 0204	0. 0168	0. 2613	− 0. 0766	0. 0425
第 20 期	160	0. 0251	0. 0136	0. 4037	− 0. 1520	0. 0702
第 21 期	160	0. 0243	0. 0107	0. 6403	− 0. 2165	0. 0878
第 22 期	160	0. 0330	0. 0118	U. 7477	− 0. 0598	0. 1009
第 23 期	160	0. 0344	0. 0139	0. 7543	− 0. 0671	0. 1024
第 24 期	160	0. 0296	0. 0133	0. 5941	− 0. 1571	0. 0871

期数	偏度	峰度	JB 统计量	概率	总和	离差平方和
第 1 期	− 3. 9388	18. 3576	1986. 0720	0. 0000	− 32. 7141	17. 4372
第 2 期	− 3. 9602	18. 6389	2048. 7290	0. 0000	− 28. 2622	13. 8790
第 3 期	− 3. 9225	18. 1847	1947. 4440	0. 0000	− 23. 2236	9. 7750
第 4 期	− 3. 9930	19. 0239	2136. 9270	0. 0000	− 14. 7839	4. 5523
第 5 期	− 4. 4645	24. 0783	3493. 4760	0. 0000	− 7. 0292	1. 6278
第 6 期	− 3. 6475	23. 0496	3034. 6920	0. 0000	0. 5487	0. 2266
第 7 期	6. 3207	48. 7527	15020. 7600	0. 0000	5. 8052	0. 5832
第 8 期	5. 4600	37. 4064	8686. 9610	0. 0000	9. 2983	1. 2649
第 9 期	4. 8039	29. 8603	5425. 2290	0. 0000	9. 5849	1. 3034
第 10 期	3. 9512	20. 5710	2474. 5930	0. 0000	9. 6995	1. 2160

期数	偏度	峰度	JB 统计量	概率	总和	离差平方和
第 11 期	3.6735	17.1903	1702.2880	0.0000	9.3301	1.3800
第 12 期	3.9866	21.0808	2603.2570	0.0000	7.7265	1.0413
第 13 期	4.3387	25.4508	3862.2490	0.0000	7.8319	1.4545
第 14 期	5.2209	38.1075	8943.7720	0.0000	7.9652	1.6908
第 15 期	3.8412	19.8444	2285.0170	0.0000	7.3518	1.0095
第 16 期	3.8439	20.0020	2321.1370	0.0000	7.2328	1.0323
第 17 期	3.6529	19.0675	2076.9110	0.0000	5.9218	0.5789
第 18 期	2.5119	12.8214	811.3198	0.0000	4.0918	0.2650
第 19 期	2.9433	15.5824	1286.4590	0.0000	3.2633	0.2870
第 20 期	3.6863	19.0166	2072.5650	0.0000	4.0188	0.7833
第 21 期	4.8980	31.4022	6017.6420	0.0000	3.8835	1.2252
第 22 期	5.3691	34.8153	7516.8110	0.0000	5.2753	1.6183
第 23 期	4.9319	30.7428	5779.6990	0.0000	5.4959	1.6666
第 24 期	4.4642	27.2782	4460.9740	0.0000	4.7424	1.2056

5.4.2　灵活动态权重的测算

根据 MI – TVP – SV – VAR 模型，估计了 5 个金融变量从 2001 年 3 月至 2014 年 6 月的每月灵活动态权重。在测算权重时，本书只选择了 1 ~ 3 期的脉冲响应函数值，并没有像前人在构建标准 FCI 时使用 20 ~ 30 期，其原因有以下几点。

第一，本书使用了灵活动态模型来测算权重，使样本期每期都有大量的脉冲响应函数值，如果全部选择这些脉冲响应函数值来测算权重，就可能出现重复，就会产生"马太效应"，即原本大的权重通过重复叠加变得更大，原本小的权重就变得更小。

第二，金融状况指数对通货膨胀的影响一般发生在 6 个月内，主要影响发生在 3 个月内。

第三，本书对包括不同数量的脉冲响应函数值（从 1 个到 24 个）构建的灵活动态金融状况指数进行 24 次试验，发现只包含 1 ~ 3 期的脉冲响应函数值构建的灵活动态金融状况指数与通货膨胀的相关性最好。

本书选择了 5 个金融变量每个变量 1～3 期脉冲响应函数累计值，使用第 4 章测度模型和测度公式，测算了每个金融变量的灵动动态权重，如图 5.39 所示。从图 5.39 可以看出，构建中国灵活动态金融状况指数的金融变量的权重呈现以下特征。

第一，金融变量的权重是灵活时变的。这表现在所有金融变量都呈现基本平缓、有时波动的发展特征，因此，这说明其权重基本是静态的，有时是动态的（即灵活动态的），不同于一些学者研究得出的研究结论，权重要么是所有期都一样（如封思贤、谢启超和张文正，2012），要么所有期都白噪声一样剧烈波动（如余辉和余剑，2013）。

第二，货币政策对通货膨胀的传导机制主要通过以利率为主的货币传导机制和以房地产价格为主的资产传导机制来实现，货币供应量则较弱。从图 5.39 的权重的绝对值来看，利率、房地产价格和股票价格是影响中国通货膨胀的第一、二、三大传导机制，而人民币有效汇率和货币供应量则较小，几乎接近于零，这不同于以前中国学者研究得出的结论，认为货币供应量是最主要的传导机制，利率传导机制由于利率管制而不畅（余辉和余剑，2013；徐国祥和郑雯，2013）。这可能与本书构建的灵活动态金融状况指数关注 6 个月以内（主要是 3 个月以内）的影响有很大关系，因为货币供应量对通货膨胀的影响存在 1 年左右的时滞。

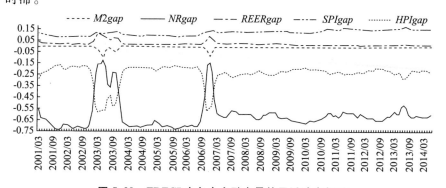

图 5.39　FDFCI 中各个金融变量的灵活动态权重

5.4.3　中国灵活动态金融状况指数测算结果

本书用图形来表示经过多个步骤测算出来的中国灵活动态金融状况指数的测算结果，具体见图 5.40。

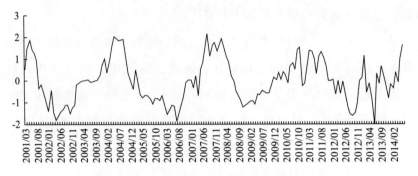

图 5.40　中国灵活动态金融状况指数测度结果

第6章　应用中国灵活动态金融状况指数

6.1　中国灵活动态金融状况指数与通货膨胀的相关性研究

6.1.1　中国灵活动态金融状况指数与通货膨胀相关性的图形比较

为了进行相关性比较，本书将前文构建的中国灵活动态金融状况指数（FDFCI）和通货膨胀（*IR*）画成折线图进行比较。由于二者的均值相差较大，无法直观进行比较，因此，本书先对二者的原始数据进行了标准化，再放到图形中比较，如图6.1所示。从图6.1可以看出，总的来说，中国灵活动态金融状况指数（FDFCI）明显领先于通货膨胀（*IR*），对通货膨胀（*IR*）的走势具有先导作用。在最开始的2001年3月到2004年3月，中国灵活动态金融状况指数（FDFCI）对通货膨胀（*IR*）的先导作用不明显，但是从2004年4月开始领先于 *IR*，并且中国灵活动态金融状况指数（FDFCI）与通货膨胀（*IR*）的运行轨迹大致相同。从图中的几个峰顶和峰谷来看，中国灵活动态金融状况指数（FDFCI）显著领先通货膨胀（*IR*）1~7个月且呈现同方向变化的趋势。同时，本书还发现 FDFCI 在通货膨胀时比通货紧缩时的领先作用更明显，这可能与构建中国灵活动态金融状况指数（FDFCI）的主要权重是利率有关，因为在通货紧缩时"流动性陷阱"使利率货币政策无效。

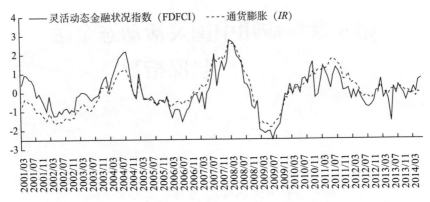

图 6.1　中国灵活动态金融状况指数（FDFCI）与通货膨胀（IR）关系

6.1.2　中国灵活动态金融状况指数与通货膨胀相关性的跨期相关性检验

对中国灵活动态金融状况指数（FDFCI）与通货膨胀（IR）进行跨期相关性检验，以判断中国灵活动态金融状况指数（FDFCI）对通货膨胀（IR）是否有领先和预期作用，结果见表 6.1。从表 6.1 可知，中国灵活动态金融状况指数（FDFCI）与未来 7 个月内的通货膨胀（IR）的相关性相对较强，相关系数都在 0.3 以上，第 0 期和第 1 期的相关系数最大，分别为 0.8420 和 0.7872。这说明利用 FDFCI 对通货膨胀（IR）进行预测时，短中期较为准确。

表 6.1　不同领先期的 FDFCI 与 IR 跨期相关关系

期数	0	1	2	3	4	5	6	7
相关系数	0.8420	0.7872	0.7359	0.6727	0.5884	0.4994	0.4112	0.3085

6.2 中国灵活动态金融状况指数与通货膨胀的领先滞后关系检验

为了进一步检验中国灵活动态金融状况指数（FDFCI）与 *IR* 之间同期的领先滞后关系，使用交叉谱分析法对 FDCI 和 *IR* 的领先滞后关系进行检验，具体结果见表 6.2。从表 6.2 可看出，在 80 ~ 4.21 个月的时间跨度上，FDFCI 与 *IR* 一致性都在 0.3 以上，平均值达到 0.508，并且在 32 个月时间跨度的时候一致性最高，达到 0.866，这说明中国灵活动态金融状况指数（FDFCI）与通货膨胀（*IR*）相关性非常好；从领先滞后关系（时差和角度）来看，除了在 5.52 ~ 4.85 时间跨度上，FDFCI 略微滞后于 *IR* 外，在其余时间跨度上，FDFCI 都领先于 *IR*，平均时差达到 0.392，并且在 8.89 个月的时间跨度上达到最大值 0.768，这说明中国灵活动态金融状况指数（FDFCI）总体上领先于通货膨胀（*IR*），领先时间平均为 0.4 个月度左右，其中在时间跨度 5 个月以上的时间段内的领先优势最明显。

表 6.2 中国灵活动态金融状况指数与通货膨胀交叉谱分析结果

跨度	振幅	一致性	时差	角度
80	3.34	0.852	0.266	0.021
53.33	2.94	0.856	0.345	0.041
40	2.35	0.861	0.373	0.059
32	1.71	0.866	0.379	0.074
26.67	1.11	0.864	0.377	0.089
22.86	0.63	0.846	0.375	0.103
20	0.31	0.79	0.385	0.121
17.78	0.13	0.661	0.425	0.15
16	0.06	0.479	0.502	0.197
14.55	0.04	0.404	0.539	0.233

续表

跨度	振幅	一致性	时差	角度
13.33	0.04	0.439	0.521	0.246
12.31	0.04	0.475	0.533	0.272
11.43	0.04	0.485	0.581	0.319
10.67	0.03	0.47	0.646	0.381
10	0.03	0.434	0.709	0.445
9.41	0.02	0.373	0.751	0.501
8.89	0.01	0.298	0.768	0.543
8.42	0.01	0.24	0.766	0.572
8	0.01	0.229	0.74	0.581
7.62	0.01	0.265	0.68	0.56
7.27	0.01	0.322	0.597	0.516
6.96	0.02	0.372	0.507	0.458
6.67	0.02	0.403	0.418	0.393
6.4	0.02	0.421	0.329	0.323
6.15	0.02	0.441	0.24	0.245
5.93	0.02	0.476	0.15	0.159
5.71	0.02	0.531	0.064	0.071
5.52	0.02	0.592	−0.007	−0.008
5.33	0.02	0.634	−0.058	−0.069
5.16	0.02	0.635	−0.083	−0.101
5	0.01	0.58	−0.072	−0.09
4.85	0.01	0.481	−0.007	−0.009
4.71	0.01	0.383	0.128	0.171
4.57	0.01	0.337	0.303	0.417
4.44	0.01	0.341	0.443	0.626
4.32	0.01	0.347	0.522	0.758
4.21	0.01	0.314	0.556	0.829
4.1	0.01	0.226	0.547	0.837
4	0	0.112	0.433	0.679
3.9	0	0.055	0	0

注：跨度是指交叉谱分析的时间跨度，单位为月。

6.3 中国灵活动态金融状况指数与通货膨胀的因果关系研究

通过图 6.1 可知，中国灵活动态金融状况指数（FDFCI）领先于通货膨胀（IR）1~7 个月。由于不知道中国灵活动态金融状况指数（FD-FCI）与通货膨胀（IR）之间是否具有因果关系，因此对此进行格兰杰因果关系检验，结果见表 6.3。从表 6.3 可知，在中国灵活动态金融状况指数（FDFCI）不是通货膨胀（IR）的格兰杰原因的原假设下，中国灵活动态金融状况指数（FDFCI）在滞后 1~6 阶上都在 1% 的显著水平上拒绝原假设，即表明中国灵活动态金融状况指数（FDFCI）是通货膨胀（IR）的格兰杰原因；同时，在通货膨胀（IR）不是中国灵活动态金融状况指数（FDFCI）的格兰杰原因的原假设下，通货膨胀（IR）在滞后 1~6 阶上都在 1% 的显著水平上接受原假设，但在 10% 的显著水平上拒绝原假设，这表明通货膨胀（IR）是中国灵活动态金融状况指数（FDFCI）的格兰杰原因。总之，中国灵活动态金融状况指数（FD-FCI）与通货膨胀（IR）存在双向的格兰杰因果关系。因此，可以通过中国灵活动态金融状况指数（FDFCI）来预测通货膨胀（IR）的运行趋势。

表 6.3 中国灵活动态金融状况指数与通货膨胀格兰杰因果关系检验

原假设	滞后期	F 统计量	P 值
FDFCI 不是 IR 的原因	1	8.82	0.0035
FDFCI 不是 IR 的原因	2	7.61	0.0007
FDFCI 不是 IR 的原因	3	7.44	0.0001
FDFCI 不是 IR 的原因	4	6.51	0.0001
FDFCI 不是 IR 的原因	5	5.69	0.0001
FDFCI 不是 IR 的原因	6	5.67	0.0000
IR 不是 FDFCI 的原因	1	2.77	0.0983

原假设	滞后期	F 统计量	P 值
IR 不是 FDFCI 的原因	2	2.71	0.0700
IR 不是 FDFCI 的原因	3	2.62	0.0531
IR 不是 FDFCI 的原因	4	2.10	0.0837
IR 不是 FDFCI 的原因	5	2.01	0.0811
IR 不是 FDFCI 的原因	6	1.95	0.0772

6.4　中国灵活动态金融状况指数对通货膨胀的预测能力检验

借鉴 Gauthier，Graham 和 Liu（2003）的方法，本书采用了循环式方程对通货膨胀进行预测，其具体公式如下：

$$IR_t = \alpha + \beta FDFCI_{t-k} + u_t \qquad (6.1)$$

其中，IR_t 是第 t 期通货膨胀（IR），$FDFCI_{t-k}$ 是提前 k 期的中国灵活动态金融状况指数（FDFCI），k 在本书取 0，1，2，…，7，如表 6.4 所示。

通过表 6.4 可以发现，提前 0 期和 1 期的预测能力最强。从模型的拟合效果看，70.90% 和 62.30% 的通胀率波动可由提前 0 期和 1 期的 FDFCI 解释，此时的 AIC 和 SC 也是各期中最小的，并且均方根误差（RMSE）和平均绝对误差（MAE）也最小。

表 6.4　中国灵活动态金融状况指数对通货膨胀的预测检验

提前期数	0	1	2	3	4	5	6	7
FDFCI 系数	2.075	1.946	1.823	1.666	1.458	1.238	1.019	0.766
	(19.617)	(16.124)	(13.716)	(11.428)	(9.120)	(7.201)	(5.623)	(4.044)
R^2	0.709	0.623	0.547	0.457	0.351	0.253	0.172	0.098
AIC	3.293	3.554	3.745	3.931	4.115	4.259	4.366	4.451

提前期数	0	1	2	3	4	5	6	7
SC	3.332	3.593	3.784	3.970	4.154	4.299	4.405	4.491
MAE	0.978	1.096	1.190	1.329	1.446	1.594	1.689	1.744
RMSE	1.240	1.413	1.554	1.705	1.869	2.010	2.119	2.212

6.5　中国灵活动态金融状况指数对通货膨胀解释力度的比较分析

　　为了进一步了解中国灵活动态金融状况指数的优越性，笔者收集 7 篇有代表性的发表在权威刊物上的文章，与本书一起比较了金融状况指数与经济变量的最大的相关系数，对其进行最大力度的解释，其中最大的相关系数是指金融状况指数与通货膨胀跨期相关中最大的系数，而最大解释力度是指根据循环式方程方法使用金融状况指数对通货膨胀进行预测而得到的最大拟合优度，具体结果见表 6.5。从表 6.5 来看，本书构建的中国灵活动态金融状况指数（FDFCI）克服了静态权重或者简单动态权重构建的金融状况指数与经济变量相关性较小，对其的解释力度较小的问题。

表 6.5　中国灵活动态金融状况指数优越性比较分析

研究	方法	最大相关系数	最大解释力度
本书	灵活动态模型	0.842	70.90%
李建军（2008）	静态模型	0.36	37.39%
戴国强和张建华（2009）	静态模型	0.29	8%
封思贤、蒋伏心、谢启超和张文正（2012）	静态模型	0.6315	42.98%
王维国、王霄凌和关大宇（2011）	静态模型	0.446	81.61%
许涤龙和欧阳胜银（2014b）	静态模型	0.712	54.32%
卞志村、孙慧智和曹媛媛（2012）	简单动态模型	0.319	——
余辉和余剑（2013）	简单动态模型	-0.3852	——

第7章　简要结论、政策建议及未来展望

7.1　简要结论

本书基于货币供应量、利率、汇率、股票价格和房地产价格 5 个金融状况变量 2001 年 3 月至 2014 年 6 月的月度数据，首次尝试利用混合创新的时变系数随机方差向量自回归模型（MI－TVP－SV－VAR）估算各个金融状况变量的灵活动态权重，并以此为基础构建了中国灵活动态金融状况指数（FDFCI），在此基础上，实证检验了其对通货膨胀的预测能力，结果如下。

第一，根据 MI－TVP－SV－VAR 模型测度的中国灵活动态金融状况指数与通货膨胀具有显著的格兰杰因果关系，同时跨期相关系数和交叉谱分析也显示中国灵活动态金融状况指数（FDFCI）可以作为通货膨胀的一个先行指标，这表明本书构建的灵活动态金融状况指数合理有效。

第二，在绝大部分样本时间中，利率和房地产价格在中国灵活动态金融状况指数中的权重较大，对通货膨胀的影响力较强，而货币供应量则较小，这说明中国利率和房地产市场化改革取得较好效果，促进了这两个货币政策传导渠道的畅顺。

第三，中国灵活动态金融状况指数的权重呈现基本平缓、有时波动

的发展特征，与一些学者得出的不变常数或者剧烈波动的研究结论不同，这说明中国金融状况指数的权重是灵活动态的，因而选择 MI - TVP - SV - VAR 模型来测度中国金融状况指数是合适的。

第四，中国灵活动态金融状况指数（FDFCI）在通货膨胀时比通货紧缩时的领先作用更明显，这可能与构建中国灵活动态金融状况指数（FDFCI）的主要权重是利率有关，因为在通货紧缩时"流动性陷阱"使利率货币政策无效。

7.2　政策建议

基于 MI - TVP - SV - VAR 模型构建的中国灵活动态金融状况指数充分体现了"让数据说话"的特点，能够更好地预测通货膨胀趋势，对中国货币政策的制定具有重要的指导意义。为了更好地发挥灵活动态金融状况指数对通货膨胀的预测作用，本书提出以下几点建议。

第一，定期编制中国灵活动态金融状况指数，并将其应用于通货膨胀的预测。灵活动态金融状况指数充分考虑了各个金融状况变量的灵活时变性，克服了静态权重或者简单动态权重构建的金融状况指数与经济变量相关性小、对其解释力度较低的问题，具有很强的操作性。因此，我们可以指定专门的机构部门对中国灵活动态金融状况指数进行跟踪测算，并且对其进行定期公布，真实透明地反映中国金融状况的松紧程度，并对中国经济未来的通胀趋势进行预测，尽量减少因为经济形势的不确定性而给社会、个人和企业带来的经济损失，促进中国经济可持续发展。

第二，全面深化金融市场改革开放，促进货币政策传导机制畅顺。在构建灵活动态金融状况指数时，利率、房地产价格占的权重最大，均值绝对值分别为 0.61、0.24，而股票价格、人民币有效汇率和货币供应量则相对较小，均值绝对值分别为 0.12、0.02 和 0.01，显而易见，货币政策在后面三个传导渠道上显得不那么畅顺，其原因包括：信贷主要流向国企，股市受到政府的干预较多以及没有全面对外开放，汇率受到政府较大干预以及没有实现自由化等。因此，中国政府需要大力加强对信贷市场、股票市场和外汇市场的市场化改革，减少行政干预，以促进中国货币政策传导机制全面畅顺，提高货币政策效果。

第三，根据中国金融市场发展进程，不断提高中国金融状况指数构建和应用的水平。基于能力和数据可得性等原因，本书在构建灵活动态金融状况指数时，没有选择远期、期货、互换、权证等金融衍生产品市场的金融指标，只选择了 5 个基础金融市场的金融变量进行实证分析，而目前国际研究的前沿是为保证信息的充分性选择包括基础和衍生金融市场在内的大量金融指标（有的多达 100 个）。因此，随着中国金融市场的不断完善，金融衍生产品发展日新月异，在构建灵活动态金融状况指数时，应该把更多的反映中国金融状况的变量考虑进去，以不断加强金融状况指数研究，丰富完善金融状况指数的构建方法和技巧。

7.3　未来展望

本书虽然在国内首次提出并构建中国灵活动态金融状况指数（FD-FCI），然后应用于分析其与中国通货膨胀的相关性、领先滞后关系以及预测，但仍然存在许多不足，这是笔者进一步拓展研究的未来方向。

第一，混频模型应用于中国灵活动态金融状况指数（FDFCI）的构建及其应用。最近几年，国内外学者开始兴起将各类混频数据模型用于构建各类经济景气指数。混频数据模型的优势就是充分尊重样本数据的自然频率，通过利用原始频率样本数据直接进入模型，不需要将样本数据化成一个频率，就可以充分利用全部信息，从而使模型估计结果更加有效。虽然国内外已有 1 篇文献实证测度了中国实时金融状况指数，但使用的混频模型还是线性模型，还不足以反映中国由于金融和经济全面改革开放和进入新常态所导致的金融和经济多种结构变化，因此，中国金融状况指数未来的一个研究方向就是使用非线性混频数据模型构建及应用中国金融状况指数。

第二，非线性模型应用于中国灵活动态金融状况指数的构建及其应用。最近三十多年以来，学术界开始大量使用非线性模型，如马尔科夫转换模型、门限模型、平滑转换模型等，实证分析影响国家和地区金融和经济之间的非线性关系，得到更好的研究结论。因此，笔者认为将大量的非线性模型应用于金融状况指数的构建及其应用研究是未来的一个重要研究方向。

第三，更多信息融入中国灵活动态金融状况指数的构建及其应用。本书只选择了 5 个金融变量，显然其反映的中国金融市场状况的信息十分有限。有必要借鉴一些学者使用因子增广模型，通过从大量的指标中提取公因子的方式，使研究富含信息。因此，笔者认为未来的一个重要研究方向就是，使用因子增广模型，从几十个甚至上百个金融变量中提取少数几个公因子，进行中国灵活动态金融状况指数的构建及其应用研究，以使该指数蕴含丰富的信息。

参考文献

[1] 巴曙松、韩明睿:《基于 SVAR 模型的金融形势指数》,《宏观经济研究》2011 年第 4 期。

[2] 卞志村、孙慧智、曹媛媛:《金融形势指数与货币政策反应函数在中国的实证检验》,《金融研究》2012 年第 8 期。

[3] 陈守东、易晓溦、刘洋:《货币供给、通货膨胀与产出波动的动态效应研究:1992 - 2013》,《南方经济》2014 年第 2 期。

[4] 陈宗义:《人民币汇率对中国长期贸易顺差的影响性分析——基于 TVP - VAR 模型的实证检验》,《统计与信息论坛》2012 年第 2 期。

[5] 成仲秀:《金融状况指数的变量选择及其应用研究》,湖南大学硕士学位论文,2014。

[6] 戴国强、张建华:《中国金融状况指数对货币政策传导作用研究》,《财经研究》2009 年第 7 期。

[7] 邓创、滕立威、徐曼:《中国金融状况的波动特征及其宏观经济效应分析》,《国际金融研究》2016 年第 3 期。

[8] 邓创、席旭文:《中美货币政策外溢效应的时变特征研究》,《国际金融研究》2013 年第 9 期。

[9] 刁节文、魏星辉:《基于 FCI 将我国货币政策纳入麦卡勒姆规则的实证研究》,《上海金融》2013 年第 7 期。

[10] 刁节文、章虎:《基于金融形势指数对我国货币政策效果非线性的实证研究》,《金融研究》2012 年第 4 期。

[11] 刁节文、容玲：《基于 MCI 与 FCI 对我国货币政策调控的比较研究》，《上海金融》2012 年第 10 期。

[12] 刁节文、章虎、李木子：《中国金融形势指数及其在货币政策中的检验》，《山西财经大学学报》2011 年第 7 期。

[13] 丁丽：《基于金融状况指数的我国通货膨胀预测研究》，上海师范大学硕士学位论文，2015。

[14] 封北麟、王贵民：《货币政策与金融形势指数 FCI：基于 VAR 的实证分析》，《数量经济技术经济研究》2006 年第 11 期。

[15] 封北麟、王贵民：《金融状况指数 FCI 与货币政策反应函数经验研究》，《财经研究》2006 年第 12 期。

[16] 封思贤、蒋伏心、谢启超、张文正：《金融状况指数预测通胀趋势的机理与实证——基于中国 1999—2011 年月度数据的分析》，《中国工业经济》2012 年第 4 期。

[17] 封思贤、谢启超、张文正：《FCI 对我国通胀的预测效果分析》，《中国软科学》2012 年第 7 期。

[18] 封艳红：《金融状况指数赋权方法及其应用研究》，湖南大学硕士学位论文，2014。

[19] 高洁超、孟士清：《FCI 可以作为货币政策的良好指示器吗——基于信息预测检验与工具变量选择的分析》，《金融监管研究》2014 年第 11 期。

[20] 高铁梅：《计量经济分析方法与建模：EViews 应用及实例》，清华大学出版社，2009。

[21] 关大宇：《基于货币政策传导的金融条件指数构建及应用研究》，东北财经大学博士学位论文，2010。

[22] 郭红兵、杜金岷：《中国金融稳定状况指数的构建》，《数量经济技术经济研究》2014 年第 5 期。

[23] 郭明玉：《金融情势指数在债券投资上的应用》，台湾政治大学硕士学位论文，2010。

［24］郭晔、杨娇：《货币政策的指示器——FCI 的实证检验和比较》，《金融研究》2012 年第 8 期。

［25］何平、吴义东：《中国房地产价格对货币政策操作的意义——基于金融形势指数（FCI）的研究》，《经济理论与经济管理》2007 年第 10 期。

［26］黄威、陆懋祖：《我国财政支出政策冲击效应的动态变化——基于包含随机波动的时变参数模型的考察》，《数量经济技术经济研究》2011 年第 10 期。

［27］贾德奎：《基于金融形势指数的货币政策操作风险研究》，《上海金融》2010 年第 4 期。

［28］课题组：《资产价格波动与央行通货膨胀管理研究（二）——基于中国 FCI 指数的构想》，《福建金融》2010 年第 4 期。

［29］课题组：《资产价格波动与央行通货膨胀管理研究（一）——基于中国 FCI 指数的构想》，《福建金融》2010 年第 3 期。

［30］李成、王彬、马文涛：《我国金融形势指数的构建及其与宏观经济的关联性研究》，《财贸经济》2010 年第 3 期。

［31］李建军：《中国货币状况指数与未观测货币金融状况指数——理论设计、实证方法与货币政策意义》，《金融研究》2008 年第 11 期。

［32］李强：《资产价格波动的政策涵义：经验检验与指数构建》，《世界经济》2009 年第 10 期。

［33］李正辉、郑玉航：《金融状况指数的动态特征及其有效性研究》，《财经理论与实践》2015 年第 4 期。

［34］李子奈、叶阿忠：《高级应用计量经济学》，清华大学出版社，2012。

［35］林浩锋、李舜：《我国金融条件指数与房地产开发投资增速预测》，《商业时代》2014 年第 34 期。

［36］林睿、董纪昌：《基于 SVAR 模型的中国房地产金融条件指数：构建与分析》，《投资研究》2015 年第 4 期。

[37] 刘达禹：《我国经济增长率动态波动机制研究》，吉林大学硕士学位论文，2013。

[38] 刘任重、刘冬冬：《基于 VAR 构建的金融状况指数及经验研究》，《经济体制改革》2016 年第 3 期。

[39] 刘妍琼、许涤龙：《中国金融状况指数的构建及其时间演化特征》，《财经理论与实践》2014 年第 6 期。

[40] 鲁旭：《金融条件指数测算及货币政策操作框架分析》，湘潭大学硕士学位论文，2009。

[41] 陆军、刘威、李伊珍：《新凯恩斯菲利普斯曲线框架下的中国动态金融状况指数》，《财经研究》2011 年第 11 期。

[42] 陆军、梁静瑜：《中国金融状况指数的构建》，《世界经济》2007 年第 4 期。

[43] 栾惠德、侯晓霞：《中国实时金融状况指数的构建》，《数量经济技术经济研究》2015 年第 4 期。

[44] 罗毅丹、樊琦：《一种新扩展的向量自回归模型及应用》，《统计研究》2010 年第 7 期。

[45] 罗毅丹：《灵活的非线性时间序列模型及应用研究》，华中科技大学博士学位论文，2010。

[46] 骆祚炎、肖祖星：《货币政策逆周期调控资产价格有效性的 FCI 检验》，《上海金融》2013 年第 6 期。

[47] 马东平：《我国通货膨胀机理变化与金融状况指数（FCI）的实证研究》，山东大学硕士学位论文，2011。

[48] 马晓君：《金融状况指数：消费者价格指数预测新途径》，《价格理论与实践》2011 年第 9 期。

[49] 牟敦果、林伯强：《中国经济增长、电力消费和煤炭价格相互影响的时变参数研究》，《金融研究》2012 年第 6 期。

[50] 钱燕、万解秋：《货币供应、通货膨胀与经济增长的互动关系研究——基于时变参数 VAR 模型的实证检验》，《西安财经学院学

报》2014 年第 1 期。

[51] 秦瑶、苏宗沛：《我国金融形势指数的构建及与通货膨胀关联性的研究》，《中南财经政法大学研究生学报》2013 年第 3 期。

[52] 屈军、朱国华：《动态金融状况指数构建与应用研究》，《商业研究》2016 年第 1 期。

[53] 沈悦、李善桑、马续涛：《VAR 宏观计量经济模型的演变与最新发展——基于 2011 年诺贝尔经济学奖得主 Smis 研究成果的拓展脉络》，《数量经济技术经济研究》2012 年第 10 期。

[54] 孙瑞博：《计量经济学的贝叶斯统计方法》，《南京财经大学学报》2007 年第 6 期。

[55] 孙焱林、陈普、熊义明：《贝叶斯视角下时变参数 VAR 建模——兼论"斜率之谜"》，《数量经济技术经济研究》2011 年第 10 期。

[56] 万光彩、于红芳、刘莉：《基于金融状况指数的货币政策目标研究》，《经济问题探索》2013 年第 2 期。

[57] 王彬：《金融形势指数与货币政策——基于中国数据的实证研究》，《当代经济科学》2009 年第 4 期。

[58] 王德：《金融状况指数与 CPI、经济增长间关系的实证研究》，重庆师范大学硕士学位论文，2014。

[59] 王飞、宋佳丽、马明卫：《经济产出、水资源消费和水价的时变关系——基于江苏省情况的分析》，《价格理论与实践》2013 年第 8 期。

[60] 王宏涛、张鸿：《中国 CGG 货币规则模型的建立及其实证研究》，《商业研究》2011 年第 6 期。

[61] 王慧敏：《构建中国金融条件指数》，东北财经大学硕士学位论文，2005。

[62] 王丽娜：《房地产价格与金融形势指数的实证分析》，《价格理论与实践》2009 年第 1 期。

[63] 王千：《含财政政策的我国金融条件指数的构建及应用》，《山东

工商学院学报》2012年第1期。

[64] 王维国、王霄凌、关大宇：《中国金融条件指数的设计与应用研究》，《数量经济技术经济研究》2011年第12期。

[65] 王晓博、徐晨豪、辛飞飞：《基于TVP－FAVAR模型的中国金融稳定状态指数构建》，《系统工程》2016年第10期。

[66] 王雪峰：《金融状况指数和货币政策中介目标》，《山西财经大学学报》2009年第11期。

[67] 王雪峰：《中国金融稳定状态指数的构建——基于状态空间模型分析》，《当代财经》2010年第5期。

[68] 王玉宝：《金融形势指数（FCI）的中国实证》，《上海金融》2005年第8期。

[69] 王玉宝：《资产价格的政策信息作用与FCI指数》，《金融教学与研究》2003年第6期。

[70] 王志方：《金融状况指数的扩展及应用研究》，华东师范大学硕士学位论文，2011。

[71] 文青：《我国金融状况指数的测算与检验》，《经济理论与经济管理》2013年第4期。

[72] 席旭文：《基于TVP－VAR模型的货币政策宏观调控效应与外溢效应研究》，吉林大学硕士学位论文，2013。

[73] 肖奎喜、徐世长：《广义泰勒规则与中央银行货币政策反应函数估计》，《数量经济技术经济研究》2011年第5期。

[74] 肖强、白仲林：《我国FCI的构建及其对宏观经济的非对称性冲击》，《中国经济问题》2015年第5期。

[75] 肖强、司颖华：《我国FCI的构建及对宏观经济变量影响的非对称性》，《金融研究》2015年第8期。

[76] 肖强：《金融类指数的构建与货币政策非对称性效应分析》，吉林大学博士学位论文，2015。

[77] 肖强：《我国货币政策的非对称性效应分析——基于金融状况视

角》，《中央财经大学学报》2015 年第 3 期。

[78] 肖祖星：《资产价格作为货币政策调控目标的有效性分析》，广东商学院硕士学位论文，2010。

[79] 徐国祥、郑雯：《中国金融状况指数的构建及预测能力研究》，《统计研究》2013 年第 8 期。

[80] 许涤龙、封艳红：《金融状况指数赋权方法的比较与选择》，《中国统计》2014 年第 3 期。

[81] 许涤龙、刘妍琼、封艳红：《基于不同赋权方法的金融状况指数的比较研究》，《上海金融》2014 年第 7 期。

[82] 许涤龙、刘妍琼、郭尧琦：《金融状况指数的 FAVAR 模型构建及效用检验》，《中南大学学报》（社会科学版）2014 年第 4 期。

[83] 许涤龙、欧阳胜银：《基于可变参数的 FCI 构建与实证研究》，《统计与信息论坛》2014 年第 3 期。

[84] 许涤龙、欧阳胜银：《金融状况指数的理论设计及应用研究》，《数量经济技术经济研究》2014 年第 12 期。

[85] 闫彬彬：《符号约束的 TVP - VAR 模型及我国信贷供求冲击的研究》，华中科技大学博士学位论文，2013。

[86] 杨俊仙、朱婷婷：《金融形势指数与通货膨胀预期》，《山西大学学报》（哲学社会科学版）2016 年第 3 期。

[87] 杨玉明：《货币政策与通货膨胀间时变现象的实证研究——基于随机方差率的 TVP - VAR 模型》，东北财经大学硕士学位论文，2012。

[88] 易晓溦、陈守东、刘洋：《中国金融状况指数构建及货币市场稳定性研究》，《上海经济研究》2014 年第 8 期。

[89] 于红芳：《资产价格、货币政策与我国金融状况指数》，安徽财经大学硕士学位论文，2011。

[90] 余辉、余剑：《我国金融状况指数构建及其对货币政策传导效应的启示——基于时变参数状态空间模型的研究》，《金融研究》

2013 年第 4 期。

[91] 袁靖、薛伟:《基于不平衡面板的中国金融状况指数构建》,《金融教学与研究》2011 年第 6 期。

[92] 张兰:《货币政策目标选择及我国金融状况指数的构建》,《福建金融》2015 年第 9 期。

[93] 张文正:《中国金融条件指数的构建及其应用研究》, 南京师范大学硕士学位论文, 2012。

[94] 郑桂环、王宇、贾方龙:《金融状况指数显示:经济低位增长, 物价相对平稳》,《中国货币市场》2014 年第 5 期。

[95] 周德才、邓姝姝、朱志亮、徐玮:《我国能源价格状况指数构建及通胀预测研究》,《统计与决策》2017 年第 1 期。

[96] 周德才、冯婷、邓姝姝:《我国灵活动态金融状况指数构建与应用研究——基于 MI – TVP – SV – VAR 模型的经验分析》,《数量经济技术经济研究》2015 年第 5 期。

[97] 周德才、谢海东、何宜庆:《我国股市财富效应非对称性的实证分析》,《统计与决策》2014 年第 1 期。

[98] Andrieu C. , De Freitas N. , Doucet A. , et al, "An Introduction to MCMC for Machine Learning," *Machine Learning*, No. 50, Vol. 1 – 2, 2003.

[99] Angelopoulou E. , Balfoussia H. , Gibson H. , "Constucting A Financial Conditions Index for the Euro Area and Selected Euro Area Countries What Does It Tell Us about the Crisis?" *Working Paper Series*, No. 1541, Vol. 5, 2013.

[100] Anne Opschoor, Dick van Dijk, Michel van der Wel, "Predicting Covariance Matrices with Financial Conditions Indexes," *Tinbergen Institute Discussion Paper*, 13 – 113/III, August 8, 2013.

[101] Baumeister C. , Durinck E. J. , Peersman G. , "Liquidity, Inflation and Asset Prices in A Time-Varying Framework for the Euro Area," *Ssrn Electronic Journal*, 2008.

[102] Beaton K. , Lalonde R. , Luu C. , "A Financial Conditions Index for the United States," *Discussion Papers*, 2009.

[103] Benati L. , Mumtaz H. , "The 'Great Stability' in the UK: Good Policy Or Good Luck?" *Bank of England*, 2005.

[104] Benati, Luca. , "The 'Great Moderation' in the United Kingdom," *Journal of Money Credit & Banking*, No. 40, 2008.

[105] Boivin J. , Giannoni M. P. , "Has Monetary Policy Become More Effective?" *The Review of Economics and Statistics*, No. 88, Vol. 3, 2006.

[106] Brave S. , Butters A. , "Diagnosing the Financial System: Financial Conditions and Financial Stress," *International Journal of Central Banking*, No. 8, Vol. 2, 2012.

[107] Carter C. K. , Kohn R. , "On Gibbs Sampling for State Space Models," *Biometrika*, No. 81, Vol. 3, 1994.

[108] Chib S. , Greenberg E. , "Hierarchical Analysis of SUR Models with Extensions to Correlated Serial Errors and Time-Varying Parameter Models," *Journal of Econometrics*, No. 68, Vol. 2, 1995.

[109] Chow H. K. , "Can A Financial Conditions Index Guide Monetary Policy? The Case of Singapore," *Research Collection School of Economics*, 2013.

[110] Cogley T. , Morozov S. , Sargent T J. , "Bayesian Fan Charts for UK Inflation: Forecasting and Sources of Uncertainty in An Evolving Monetary System," *Journal of Economic Dynamics and Control*, No. 29, Vol. 11, 2005.

[111] Cogley T. , Sargent T. J. , "Drifts and Volatilities: Monetary Policies and Outcomes in the Post WWII US," *Review of Economic Dynamics*, No. 8, Vol. 2, 2005.

[112] Cogley, T. , T. J. , "Sargent. Evolving Post-World War II U. S. Inflation Dynamics," *NBER Macroeconomics Annual*, No. 16, 2001.

[113] D'Agostino A. , Gambetti L, Giannone D. , "Macroeconomic Forecasting and Structural Change," *Journal of Applied Econometrics*, No. 28, Vol. 1, 2013.

[114] Zhou D. C. , Lu X. Y. , Cui W. J. , Zhang Y. Z. , "Study On The Construction Of China Nonlinear Financial Conditions Index Based On MS – VAR Model," *BioTechnology: An Indian Journal*, No. 10, Vol. 9, 2014.

[115] English W. , Tsatsaronis K, Zoli E. , "Assessing the Predictive Power of Measures of Financial Conditions for Macroeconomic Variables," *BIS Papers*, No. 22, 2005.

[116] Freedman C. , "The Use of Indicators and of the Monetary Conditions Index in Canada," *Frameworks for Monetary Stability: Policy Issues and Country Experiences*, 1994.

[117] Frühwirth-Schnatter S. , "Data Augmentation and Dynamic Linear Models," *Journal of Time Series Analysis*, No. 15, Vol. 2, 1994.

[118] Galvão A. B. , Owyang M. T. , "Measuring Macro-Financial Conditions Using A Factor-Augmented Smooth-Transition Vector Autoregression," *Federal Reserve Bank of St. Louis*, 2013.

[119] Gauthier C. , Graham C. , Liu Y. , "Financial Conditions Indices for Canada," *Bank of Canada*, 2003.

[120] Gerlach R. , Carter C. , Kohn R. , "Efficient Bayesian Inference for Dynamic Mixture Models," *Journal of the American Statistical Association*, No. 95, Vol. 451, 2000.

[121] Geweke, J. , "Using Simulation Methods for Bayesian Econometric Models: Inference, Development and Communication," *Econometric Reviews*, No. 18, Vol. 1, 1999.

[122] Giordani P. , Kohn R. , van Dijk D. , "A Unified Approach to Non-linearity, Structural Change, and Outliers," *Journal of Econometrics*,

No. 137, Vol. 1, 2007.

[123] Giordani P., Kohn R., "Efficient Bayesian Inference for Multiple Change-Point and Mixture Innovation Model," *Journal of Business and Economic Statistic*, No. 72, 2006.

[124] Gómez E., Pabón A. M., Gómez N. Z., "Financial Conditions Index: Early and Leading Indicator for Colombia?" *Ensayos Sobre Politica Economica*, No. 29, Vol. 66, 2011.

[125] Goodhart C., Hofmann B., "Asset Prices, Financial Conditions, and the Transmission of Monetary Policy," *Proceedings*, No. 114, Vol. 2, 2001.

[126] Guichard S., Haugh D., Turner D., "Quantifying the Effect of Financial Conditions in the Euro Area, Japan, United Kingdom and United States," *OECD Publishing*, 2009.

[127] Gumata, N., Klein, N., Ndou, E., "A Financial Conditions Index for South Africa," *IMF Working Paper*, Volume WP/12/196, 2012.

[128] Hamilton J. D., "A New Approach to the Economic Analysis of Nonstationary Time Series and the Business Cycle," *Econometrica*, No. 57, Vol. 2, 1989.

[129] Hamilton J. D., "A Parametric Approach to Flexible Nonlinear Inference," *Econometrica*, No. 69, Vol. 3, 2001.

[130] Hamilton J. D., *Time Series Analysis* (Princeton: Princeton University Press, 1994).

[131] Harvey, A. C., *Forecasting, Structural Time Series Models and the Kalman Filter* (Cambridge: Cambridge University Press, 1989).

[132] Hastings A., Harrison S., "Metapopulation Dynamics and Genetics," *Annual Review of Ecology & Systematics*, No. 25, Vol. 25, 1994.

[133] Hatzius J., Hooper P., Mishkin F S, et al., "Financial Conditions Indexes: A Fresh Look after the Financial Crisis," *National Bureau of*

Economic Research, 2010.

[134] Hua X Y, Yang Z M, Ye Y F, et al. , "A Novel Dynamic Financial Conditions Index Approach Based on Accurate Online Support Vector Regression," *Procedia Computer Science*, No. 55, 2015.

[135] Jimborean R. , Mésonnier J. S. , "Banks' Financial Conditions and the Transmission of Monetary Policy: A Favar Approach," *International Journal of Central Banking*, No. 6, Vol. 4, 2010.

[136] Kim C. J. , Nelson C. R. , *State-Space Models with Regime Switching: Classical and Gibbs-Sampling Approaches with Applications* (Cambridge: MIT Press Books, 1999).

[137] Kim S. , Shephard N. , Chib S. , "Stochastic Volatility: Likelihood Inference and Comparison with ARCH Models," *The Review of Economic Studies*, No. 65, Vol. 3, 1998.

[138] Koop G. , Korobilis D. , "A New Index of Financial Conditions", *European Economic Review*, No. 71, 2013.

[139] Koop G. , Korobilis D. , *Bayesian Multivariate Time Series Methods for Empirical Macroeconomics* (Boston: Now Publishers Inc. , 2010).

[140] Koop G. , Leon-Gonzalez R. , Strachan R. W. , "On the Evolution of the Monetary Policy Transmission Mechanism," *Journal of Economic Dynamics and Control*, No. 33, Vol. 4, 2009.

[141] Koop G. , Potter S. M. , "Estimation and Forecasting in Models with Multiple Breaks," *The Review of Economic Studies*, No. 74, Vol. 3, 2007.

[142] Korobilis D. , "Forecasting with Factor Models: A Bayesian Model Averaging Perspective," University Library of Munich, Germany, 2013.

[143] Lack C. P. , "A Financial Conditions Index for Switzerland," *Monetary Policy in a Changing Environment*, 2003.

［144］ Lee S. Y. , Nam S. W. , Jeon H. J. , "Construction of a Korean Finan-
cial Conditions Index and Evaluation of Its Usefulness," *Quarterly
Bulletin*, Vol. 3, 2014.

［145］ Lubik T. A. , Schorfheide F. , "Testing for Indeterminacy: An Appli-
cation to US Monetary Policy," *American Economic Review*, No. 9,
Vol. 1, 2004.

［146］ Lundbergh S. , Teräsvirta T. , van Dijk D. , "Time-Varying Smooth
Transition Autoregressive Models," *Journal of Business & Economic
Statistics*, No. 21, Vol. 1, 2003.

［147］ Maheu J. M. , Gordon S. , "Learning, Forecasting and Structural
Breaks," University of Toronto, Department of Economics, 2007.

［148］ Matheson T. D. , "Financial Conditions Indexes for the United States
and Euro Area," *Economics Letters*, No. 115, Vol. 3, 2012.

［149］ Mayes D. G. , Viren M. , "Financial Conditions Indexes," Social
Science Electronic Publishing, 2001.

［150］ Metropolis N. , Rosenbluth A. W. , Rosenbluth M. N. , et al. , "E-
quation of State by Fast Computing Machines," *Journal of Chemical
Physics*, No. 21, Vol. 6, 1953.

［151］ Montagnoli A. , Napolitano O. , "Financial Condition Index and Inter-
est Rate Settings: a Comparative Analysis," Istituto di Studi Eco-
nomici Working Paper, No. 8, 2005.

［152］ Nakajima J. , "Time-Varying Parameter VAR Model with Stochastic
Volatility: An Overview of Methodology and Empirical Applications,"
Monetary and Economic Studies, No. 29, Vol. 11, 2011.

［153］ Nakajima, J. , Kasuya M. , Watanabe T. , "Bayesian Analysis of
Time-Varying Parameter Vector Autoregressive Model for the Japanese
Economy and Monetary Policy," *Journal of the Japanese and Interna-
tional Economies*, No. 25, Vol. 3, 2011.

[154] Ørbeck, Aksel, Torvanger M. , "A Financial Conditions Index for Norway : Can Financial Indicators Predict GDP?" Norges Bank Staff Memo, 2011.

[155] Osario C. , Unsal D. F. , Pongsaparn R. , "A Quantitative Assessment of Financial Conditions in Asia," *IMF Working Papers*, No. 11, Vol. 170, 2011.

[156] Pastor L. , Stambaugh R F. , "The Equity Premium and Structural Breaks," *The Journal of Finance*, No. 56, Vol. 4, 2001.

[157] Pesaran M. H. , Timmermann A. , "Selection of Estimation Window in the Presence of Breaks," *Journal of Econometrics*, No. 137, Vol. 1, 2007.

[158] Pesaran, M. H. , Pettenuzzo, D. , Timmerman, A. , "Forecasting Time Series Subject to Multiple Structural Breaks," *Review of Economic Studies*, No. 73, 2006.

[159] Primiceri G. E. , "Time Varying Structural Vector Autoregressions and Monetary Policy," *The Review of Economic Studies*, No. 72, Vol. 3, 2005.

[160] Rahbek A. , Shephard N. , "Inference and Ergodicity in the Autoregressive Conditional Root Model," *Economics Working Paper*, W7, 2002.

[161] Sims C. A. , Zha T. , "Were There Regime Switches in US Monetary Policy?" *The American Economic Review*, No. 96, Vol. 1, 2006.

[162] Sims C. A. , "Macroeconomics and Reality," *Econometrica*, No. 48, Vol. 1, 1980.

[163] Sims, C. A. , "Comment on Sargent and Cogley's Evolving Post-World War II U. S. Inflation Dynamics," *NBER Macroeconomics Annual*, No. 16, 2001.

[164] Stock, J. H. , "Discussion of Sargent and Cogley's Evolving Post-

World War Ⅱ U. S. Inflation Dynamics," *NBER Macroeconomics Annual*, No. 16, 2001.

[165] Thompson K. , van Eyden R. , Gupta R. , "Identifying A Financial Conditions Index for South Africa," University of Pretoria Department of Economics Working Paper 2013 – 133, July, 2013.

[166] Vonen N. H. , "A Financial Conditions Index for Norway," Norges Bank Staff Memo, 2011.

后 记

本书是笔者所主持的 2014 年度教育部人文社会科学研究青年基金项目："我国广义金融状况指数体系的设计、测度与应用研究：基于 FSF 视角"（项目编号：14YJC790180）的最终成果之一，也是 2017 年度江西省自然科学基金管理科学项目"广义金融状况指数灵活动态编制及应用研究：基于综合货币政策传导机制模型视角"（项目编号：20171BAA208015）的阶段性成果。

本项目课题组主要成员还包括程皓、邵汉华、谢海东、杨伊、谌卫学等老师。另外，朱志亮、贾青、方济民等硕士研究生，纪应心、余永垒、刘琪、张冰莹、李佩琳、燕洪等本科生，都积极参与本课题的研究。笔者感谢上述老师和同学在课题研究资料的收集整理以及本书的成稿中付出的辛勤劳动。

虽然本书对该课题的研究已经形成了阶段性成果，但该课题的研究还只完成了一半，还需要今后进一步深入研究。本书使用 MI – TVP – SV – VAR 模型，构建与应用了中国灵活动态金融状况指数。但由于只选择了 5 个金融变量来反映中国金融市场状况，显然信息量是不足的，该课题将进一步研究如何引入大量的金融变量，构建与应用中国灵活动态因子增广金融状况指数。

由于笔者水平有限，书中不妥之处，敬请读者批评指正。

周德才

于南昌大学前湖校区外经楼 519 办公室

2017 年 7 月 15 日

图书在版编目（CIP）数据

中国灵活动态金融状况指数构建与应用研究／周德
才著. -- 北京：社会科学文献出版社，2017.8
　ISBN 978 - 7 - 5201 - 1484 - 4

　Ⅰ.①中…　Ⅱ.①周…　Ⅲ.①金融事业 – 研究 – 中国
Ⅳ.①F832

　　中国版本图书馆 CIP 数据核字（2017）第 235041 号

中国灵活动态金融状况指数构建与应用研究

著　　者／周德才

出 版 人／谢寿光
项目统筹／高　雁
责任编辑／王楠楠　王春梅

出　　版／社会科学文献出版社·经济与管理分社（010）59367226
　　　　　　地址：北京市北三环中路甲 29 号院华龙大厦　邮编：100029
　　　　　　网址：www. ssap. com. cn
发　　行／市场营销中心（010）59367081　59367018
印　　装／三河市尚艺印装有限公司

规　　格／开　本：787mm × 1092mm　1/16
　　　　　　印　张：13.5　字　数：195 千字
版　　次／2017 年 8 月第 1 版　2017 年 8 月第 1 次印刷
书　　号／ISBN 978 - 7 - 5201 - 1484 - 4
定　　价／75.00 元